*Nas mãos amigas dos Pais*

Solicite nosso catálogo completo, com mais de 350 títulos, onde você encontra as melhores opções do bom livro espírita: literatura infantojuvenil, contos, obras biográficas e de autoajuda, mensagens espirituais, romances, estudos doutrinários, obras básicas de Allan Kardec, e mais os esclarecedores cursos e estudos para aplicação no centro espírita – iniciação, mediunidade, reuniões mediúnicas, oratória, desobsessão, fluidos e passes.

E caso não encontre os nossos livros na livraria de sua preferência, solicite o endereço de nosso distribuidor mais próximo de você.

*Edição e distribuição*

**EDITORA EME**
Caixa Postal 1820 – CEP 13360-000 – Capivari-SP
Telefones: (19) 3491-7000 | 3491-5449
Vivo (19) 99983-2575 ❂ | Claro (19) 99317-2800 | Tim (19) 98335-4094
vendas@editoraeme.com.br – www.editoraeme.com.br

# Lucia Moysés

# Nas mãos amigas dos Pais

Um olhar da educação espírita sobre temas atuais

Capivari/SP
– 2018 –

© 2012 Lucia Moysés

Os direitos autorais desta obra são de exclusividade da autora e serão repassados para o Grupo Espírita Bezerra de Menezes, mantenedor da Creche Carmem, situado à Rua Daniel Torres, 405, Niterói–RJ.

A Editora EME mantém o Centro Espírita "Mensagem de Esperança" e patrocina, junto com outras empresas, a Central de Educação e Atendimento da Criança (Casa da Criança), em Capivari-SP.

4ª reimpressão – fevereiro/2018 – de 6.501 a 7.000 exemplares

CAPA | Abner Almeida
DIAGRAMAÇÃO | Antonio do Carmo Martimbianco
REVISÃO | Editora EME

Ficha catalográfica

Moysés, Lucia, 1945 -
   Nas mãos amigas dos pais / Lucia Moysés. – 4ª reimp. fev. 2018 – Capivari, SP : Editora EME.
   168 p.

   1ª edição : fev. 2012
   ISBN 978-85-7353-477-1

   1. Espiritismo. 2. Educação espírita. 3. Educação de filhos. 4. Adolescência. I. Título.

CDD 133.9

## Dedicatória

*A minha mãe, que desde cedo me
acenou com as verdades do Espiritismo.
A meu pai, pelos exemplos de
generosidade e honradez deixados.*

# Sumário

Apresentação ...................................................................................9
Para além do saber tecnológico ....................................................11
Reencarnar na mesma família ........................................................15
Conviver com filhos difíceis ..........................................................19
Sintonias perigosas .........................................................................23
O sentido da vida ...........................................................................29
O menino do violino ......................................................................33
Pais e filhos: amigos ou estranhos? ...............................................37
Em torno da mesa ..........................................................................41
A criança terceirizada .....................................................................45
O valor do aplauso .........................................................................51
Nas mãos amigas dos pais .............................................................55
Brincadeira é coisa séria .................................................................59
Gentileza gera gentileza .................................................................63
Caminhar junto ...............................................................................67
Três gerações sob o mesmo teto: novos desafios ..............71
Crianças espíritas ............................................................................75
Tocar a sensibilidade da criança ....................................................79
No caminho do bem ......................................................................83
A adolescência sob um novo olhar ...............................................87
O perigo do primeiro gole .............................................................93

A lição que vem das crianças ...... 97
Ninguém vive sem limites ...... 101
Tirar da redoma ...... 105
A complicada tarefa de se tornar adulto ...... 109
Receita de mãe ...... 113
Jovens fora do crime: a parte que nos toca ...... 117
Quando o pai não é amado ...... 121
Filhos que partem: há consolação? ...... 127
A hora certa ...... 131
Já conheces a verdade, agora liberta-te ...... 135
Sonhos e medos ...... 139
Fazer o bem faz bem ...... 143
Ajudar a crescer ...... 149
Educar para a fraternidade ...... 153
Conto de Natal ...... 157
Referências bibliográficas ...... 161
Bibliografia complementar ...... 163
Documentos eletrônicos ...... 165

## Apresentação

Pais e educadores neste início de século sabem que está cada vez mais difícil encontrar nos parâmetros antigos as balizas seguras para a educação dos seus filhos. O mundo vem mudando de uma forma vertiginosa. Padrões de comportamento, regras e confiança vão se transmutando diante dos seus olhos, gerando insegurança e incertezas. O que valia para o seu tempo de criança passou a ser questionado. Há muitas dúvidas quanto à melhor forma de educar os filhos.

Neste panorama, nada melhor do que buscar apoio na Doutrina Espírita, uma proposta educativa, por excelência. Baseada no fato de que somos espíritos imortais, cumprindo uma trajetória ascensional na busca da perfeição, ela oferece um roteiro capaz de iluminar este caminhar.

Pensando em contribuir com o debate em torno de questões relevantes que permeiam o cotidiano de inúmeras famílias, reunimos aqui uma coletânea de temas atuais, analisados à luz do espiritismo. Kardec, a seu tempo, mostrou-se particularmente interessado com o que se passava a sua volta, entendendo que a Doutrina dos Espíritos deveria servir ao homem comum, iluminando-o com as suas diretrizes, ajudando-o a dirimir suas dúvidas e a solucionar suas dificuldades e seus problemas. Esta é, também, a nossa intenção: trazer para o dia a dia familiar um olhar da educação espírita.

Esta coletânea é uma compilação revista e ampliada de artigos publicados no jornal *Correio Espírita*, dirigido por Saulo Ferreira Neto, no qual assinamos uma coluna sobre temas educacionais.

Lucia Moysés

# Para além do saber tecnológico

A cada novo final de ano ouvimos reiteradas vezes que o tempo está voando. É verdade. As necessidades que criamos para nós, e que nos exigem atuar em várias frentes ao mesmo tempo, encurtaram nosso tempo. Observando as transformações ocorridas nas últimas décadas, temos que reconhecer que estamos testemunhando uma revolução sem precedentes.

A união da ciência e tecnologia transformou o mundo. Hoje, a diferença entre as gerações mostra-se de forma mais contundente do que no passado. Por conta dos avanços que não cessam de surgir, pais e filhos estão se distanciando cada vez mais. Psicólogos e educadores estão afirmando que estamos diante de uma nova infância. Há uma brutal aceleração das etapas evolutivas. Provavelmente porque já tomaram contato com o mundo moderno em existências passadas, os espíritos que retornam vêm trazendo de forma aguçada essa capacidade de interagir com as mais sofisticadas invenções tecnológicas. Agora, são eles quem ensinam aos pais.

Essa constatação me leva a pensar nas consequências dessa inversão de papéis. Sim, porque até bem pouco tempo (e ainda nas sociedades mais tradicionais) sempre coube às gerações mais velhas transmitir conhecimento às mais novas.

Será que na tão propalada crise de autoridade que se verifica nos dias atuais, essa mudança de paradigma não desempenha um certo papel? Muitos são os fatores que a determinam, é verdade. Mas nossa mente está acostumada a fazer generalizações. Então, frente a um adulto que titubeia diante de situações consideradas elementares pelas crianças e jovens, como aquelas que envolvem o uso de aparelhos eletrônicos ou a da informática, pode surgir uma perigosa e equivocada leitura: "Se não sabe isso, não sabe nada".

Se a hipótese é viável, é importante que se analise esse processo de transferência, dissecando-o, de forma a deixar claro que o fato de os pais apresentarem dificuldades no uso de aparatos tecnológicos não significa nenhuma perda de responsabilidade ou autoridade frente aos filhos. Diante da enorme tarefa que lhes compete na sua educação, esse desconhecimento deveria pesar bem pouco. Ninguém deveria se sentir diminuído por não ter o domínio das novas habilidades do mundo moderno.

É evidente que todo esforço dos pais no sentido de se adequarem à era tecnológica é louvável, até porque é importante que exerçam controle sobre os conteúdos a que seus filhos estão expostos. Mas há algo muito mais importante do que dominar o computador, saber programar celulares, usar *bluetooth* ou jogar videogame.

Quando comparados os repertórios de conhecimentos da criança e do adulto, é evidente que o conhecimento de vida dos mais velhos é infinitamente superior ao dos mais jovens. Isso, por si só, já deveria convencê-los da importância do seu papel na formação das personalidades das novas gerações. E a Doutrina Espírita vem corroborar esse fato.

Não nos iludamos. Por mais habilidades e conhecimentos específicos que nossas crianças possam demonstrar, estamos diante de espíritos que renasceram sob nossa responsabilidade e pelos quais temos que zelar. Somos, como diz Santo Agostinho em *O Evangelho segundo o Espiritismo*, os jardineiros responsáveis pelas guias que irão conduzir a planta a um crescimento firme e na direção certa. É preciso que cuidemos do seu desenvolvimento moral, oferecendo-lhes oportunidades para que cresçam como espíritos. E tudo começa fazendo-lhes perceber o sentido da vida. Se elas sabem muito no campo tecnológico, precisam saber mais ainda no campo da transcendência. Ou seja, saber responder a questões como: quem somos? Como fomos criados? O que viemos fazer aqui? Qual o nosso destino depois da morte? Do que precisamos para alcançar a verdadeira felicidade? Saber, enfim, aquilo que as leva a ultrapassar a materialidade que as envolve para chegar ao que realmente irá fazer a diferença em suas vidas.

Assim agindo, estaremos auxiliando as crianças a desenvolver o conhecimento e a bondade, o saber e a virtude. Lembra-nos Emmanuel, o nobre mentor de Chico Xavier, na obra *Pensamento e vida*, que este movimento não se impõe de fora para dentro. Ao contrário, é construído paulatinamente mediante a "consciente adesão da vontade", e se traduz pelas ações no bem por iniciativa própria. Acrescenta o mentor que ao agir de forma generosa, a criança pode "libertar e polir o coração, nele plasmando a face cristalina da alma, capaz de refletir a vida gloriosa e transformar, consequentemente, o cérebro em preciosa usina de energia superior, projetando reflexos de beleza e iluminação."

Em outras palavras: o que transforma o cérebro em uma usina superior é o que se faz com o coração, é o progresso moral. Por maiores sejam os avanços do espírito no campo intelectual – como no caso do domínio de tecnologias de ponta – "Somente o progresso moral pode assegurar aos homens a felicidade na Terra. [...] somente ele pode fazer com que reinem a concórdia, a paz e a fraternidade entre os homens.", conforme registra Kardec em *A Gênese*, cap. XVIII.

Assim, pais, não tenham receio em assumir o papel de guia diante do seu filho, mesmo sendo analfabetos digitais. Ele vai precisar de muito mais do que o conhecimento tecnológico nas aprendizagens que seu espírito deverá fazer para sair vitorioso na reencarnação que recomeça.

# Reencarnar na mesma família

Você já imaginou se soubesse que o seu filho é o seu pai reencarnado? Isso afetaria a sua forma de tratá-lo?

O que para a maioria das pessoas fica no plano das conjecturas, para a família de Sam Taylor, um garoto norte-americano, se tornou uma realidade.

O relato está no livro *Vida antes da vida* de Jim B. Tucker, psiquiatra infantil da Universidade da Virgínia (EUA). Conheci o livro recentemente. Não é espírita. Ao contrário, seu autor demonstra um total desconhecimento das obras de Allan Kardec. São ingênuas, ao olhar espírita, as hipóteses que levanta para tentar explicar o fenômeno da reencarnação. Mas é um pesquisador sério, que tem buscado dar continuidade aos trabalhos do Dr. Ian Stevenson, um respeitado investigador nessa área. No seu esforço de dar um tratamento científico aos estudos da reencarnação, tem feito exaustivos levantamentos e entrevistas com famílias de crianças que se lembram de vidas passadas, na maioria dos casos, crianças asiáticas. Das poucas norte-americanas que encontrou, destaca-se Sam Taylor.

"Na sua idade, eu também trocava as suas fraldas", disse Sam ao seu pai quando tinha apenas um ano e meio de idade. Apesar de acharem estranho, os pais do menino não deram muita importância ao fato, na época. Com o passar do tempo, no entanto, Sam continuou a se lembrar de inúmeros detalhes da sua última encarnação, dando provas bastante consistentes de que era a reencarnação do próprio avô paterno. Ele se lembrava, por exemplo, de pequenos episódios que o seu pai já havia esquecido. Quando tinha quatro anos e meio, com a morte da avó paterna, o pai trouxe para casa vários pertences dos avós de Sam, inclusive uma caixa de fotografias antigas. Até então não havia na sua casa nenhuma foto desse lado da família. Para espanto dos pais, o garoto, ao ver as fotos espalhadas na mesa da sala, passou a apontar com o dedo a figura do avô, afirmando: "Este sou eu!". E, sem nenhum erro, soube distinguir o avô em todas as fotos, mesmo naquelas em que esse tinha cerca de dez anos. Dr. Tucker relata o caso, acrescentando muitos outros detalhes que sugerem que, de fato, o menino era a reencarnação do avô.

Como espírita e conhecedora de inúmeras obras que tratam de pesquisas sobre a reencarnação, nada disso teria me chamado a atenção, não fosse por um detalhe: o retorno de uma relação pai/filho conflituosa. Vejamos o relato do próprio autor: "O pai afirma que o avô de Sam não se relacionava muito bem emocionalmente com os filhos, sobretudo quando estes se tornaram adultos. Ele mesmo havia externado os seus sentimentos, mas não teve retorno. Acha que, se o pai voltou na pessoa de Sam foi para assegurá-lo do seu amor. O pai de Sam é muito acessível a todos os filhos e parece ter com Sam um excelente relacionamento. De acordo com *O Evangelho segundo o Espiritismo*, cap. V "Frequentemente, o Espírito renasce no mesmo meio em que já viveu, estabelecendo de novo relações com as mesmas pessoas, a fim de reparar o mal que lhes haja feito."

Ou seja, um pai que não se relacionava bem com os seus próprios filhos reencarna no lar de um deles como filho, invertendo a relação parental. Quando encarnado, esse pai tinha dificuldades emocionais no tratamento com os filhos. Aquele que o receberia reencarnado tentara, em vão, quebrar essas barreiras.

Trata-se, pois, de um caso concreto de reencarnação como bendita oportunidade de reajustamentos com a lei de amor. Se bem aproveitada, é caminho para elevação, tal como nos asseguram inúmeros espíritos, como, por exemplo, Amélia Rodrigues: "O espírito é imperecível, e na sua jornada infinita estaciona para refletir e recomeça para ascender. Os compromissos não regularizados ou complicados, hoje, amanhã serão ressarcidos." (*Primícias do Reino*).

Ao que parece, no caso de Sam, esse reajuste está sendo feito de uma maneira amistosa, graças a seu pai.

O que aconteceria se nós soubéssemos que estamos recebendo em nosso lar, na figura de um filho ou de uma filha, uma pessoa a quem amamos e respeitamos no passado? Será que não a trataríamos de uma forma especial, vendo-o com outros olhos? Penso que saberíamos que para além daquele ser indefeso, há uma individualidade que retorna ao cenário terrestre para os reajustes necessários a sua evolução espiritual. Diante das suas imperfeições e limitações, talvez lhe oferecêssemos oportunidades para superá-las, tratando-o com mais compreensão. Sentiríamos, possivelmente, mais amor e nossas relações seriam marcadas pelo mesmo respeito que ela nos inspirava na vida anterior. Mas sabemos que as coisas não se passam desse jeito. Ignoramos quem recebemos por filho. Temos dificuldades em nos lembrar de que aquela criança é uma individualidade espiritual que está, naquela presente vida, assumindo uma dada personalidade. Infelizmente, ainda são poucas as famílias que, com o equilíbrio necessário, sabem educá-la, tendo em vista a sua necessidade de evolução espiritual.

É sempre oportuno recordarmos uma passagem do livro *Libertação*, obra extraordinária de André Luiz, pela psicografia de Chico Xavier, na qual Matilde, uma benfeitora espiritual, ao saber que irá reencarnar como filha de Margarida, um espírito bastante endividado, lhe recomenda: "Não me recebas, nos braços, por boneca mimosa e impassível". É visível a sua preocupação em continuar evoluindo na nova vida terrena.

É por isso que, diante do espírito que reencarna sob a nossa responsabilidade, é imperioso seguirmos os conselhos de Santo Agostinho, no capítulo XIV de *O Evangelho segundo o Espiritismo*, buscando perceber as tendências inferiores que ele traz a fim de combatê-las antes que se desenvolvam. É nosso dever ajudá-lo.

## Conviver com filhos difíceis

"A minha filha vive dizendo que me detesta. Já não sei mais o que fazer." A mãe que assim se dirigia aos debatedores espíritas de um programa da Rádio Rio de Janeiro queria entender a razão de haver tanta animosidade na sua relação com a filha. No seu breve relato deixava claro que as dificuldades começaram quando ela era ainda uma criança. Ao contrário das outras duas filhas, aquela, em especial, parecia não fazer parte do mesmo grupo familiar, caracterizado por laços de afeição e harmonia.

Casos como esse são mais comuns do que se pensa. Pais que já tentaram, inutilmente, compreender o motivo para tais dificuldades, encontram na Doutrina Espírita elucidação e consolo.

Há, pelo menos, três explicações para o fato, conforme nos ensina a Doutrina dos Espíritos. A mais comum é tratar-se de reajustes ligados a reencarnações passadas. "Frequentemente, o

Espírito renasce no mesmo meio em que já viveu, estabelecendo de novo relações com as mesmas pessoas, a fim de reparar o mal que lhes haja feito" (*O Evangelho segundo o Espiritismo*, cap. V). Ou seja, espíritos que já compartilharam experiências de relações marcadas por ódios, perseguições e dor, podem retornar juntos com o objetivo de superar esses sentimentos, iniciando, a partir daí, uma caminhada mais amorosa. "Um dos dois é culpado", diz-nos Santo Agostinho no capítulo XIV desse mesmo livro.

Situações como essas começam, em geral, muito antes do nascimento de ambos, quando o que se encontra em condição mais equilibrada reconhece a necessidade de refazer o percurso em novas bases – as do amor e do perdão – e se prontifica a trazer para junto de si o antigo antagonista. Como um deles ainda cultiva os sentimentos negativos em relação ao outro, esse antagonismo pode se manifestar nas relações que mantêm entre si na nova reencarnação. Talvez tenha sido este o caso da ouvinte da Rádio.

A Doutrina Espírita nos apresenta ainda outra hipótese que não pode ser descartada. (O capítulo XIV de *O Evangelho segundo o Espiritismo*, dedicado às relações familiares, detalha essas explicações). Sabemos que, em virtude das nossas múltiplas reencarnações, vamos formando famílias espirituais. Espíritos que já viveram juntos, mantiveram os mesmos ideais, compartilharam sentimentos e criaram laços de amizade, podem retornar juntos aos cenários terrestres com vistas ao progresso espiritual de todos. Prova disto são as famílias seladas pela harmonia, companheirismo e afetividade entre os seus membros.

Mas, por força dos processos reencarnatórios, há incontáveis espíritos precisando vivenciar experiências distintas das já vividas, adquirindo aprendizagens que poderão auxiliar a sua evolução espiritual. Por isso, muitos deles são enviados a famílias espirituais já constituídas, embora delas não façam parte. Desta forma, famílias de indivíduos afins podem receber em seu seio espíritos completamente estranhos ao grupo. Esse estranhamento, porém, não significa necessariamente desavença. Por vezes, pode se manifestar na figura de um filho ou irmão que não se sente integrado com as demais pessoas da casa; naquele que anseia, desde muito cedo, viver uma vida diferente, adotar outros costumes que não os da família, naquele que foge completamente aos valores cultivados pelos demais, gerando problemas de difícil administração, principalmente quando envolvem pais e filhos. Pesquisadores sobre reencarnação como Ian Stevenson, Hernani Guimarães e, mais recentemente, Jim Tucker, diante de casos de crianças que se lembram de vidas passadas e insistem com seus pais que pertencem a outra cultura ou a outro nível social, costumam atribuir à vida anterior a causa desses comportamentos.

Igualmente viável é a possibilidade de que espíritos de baixa elevação espiritual, afeitos ao mal, obtenham da misericórdia divina a chance de reencarnarem em um grupo familiar moralmente sadio, a fim de receber boas orientações. Nesses casos, é possível haver problemas de ajustamento e conflitos interpessoais causados pelo espírito mais atrasado. Mas, quando se guarda a certeza de que o Pai não dá fardo mais pesado do que se consegue carregar, a força emanada do equilíbrio e da amizade reinante entre os demais membros deste grupo poderá ser capaz de neutralizar a desarmonia trazida por aquele companheiro.

Joanna de Ângelis traz um significativo esclarecimento a este respeito ao abordar o tema dos conflitos familiares. "É certo – diz-nos a Mentora – que o Espírito renasce onde se lhe torna melhor para o processo da evolução. Como, todavia, ninguém vem à Terra para sofrer, senão para reparar, adquirir novas experiências, desenvolver aptidões, crescer interiormente, todos os empecilhos com os quais se defronta fazem parte da sua proposta de educação, devendo equipar-se de valores e de discernimento para superá--los..." (*Vida: desafios e soluções*). Isso é válido para todos os que fazem parte da constelação familiar. Aprende o espírito que renasce em uma família sem anteriores vínculos de amizade, aprende quem o recebe como filho ou irmão.

Sem dúvida, deve ser muito sofrido para um pai ou uma mãe ter que conviver com qualquer uma dessas situações aqui retratadas, mas a Doutrina Espírita nos assevera que Deus abençoa o empenho dos que tentam, com todas as forças, superar as dificuldades trazidas por essas relações conflituosas. É preciso não se esquecer, jamais, que são filhos de Deus e que Ele confia, ajuda e colabora com aqueles que se dispõem a contribuir para o progresso espiritual dos Seus filhos.

## Sintonias perigosas

Há poucos dias, um programa de televisão exibiu um grupo de jovens do agreste nordestino dando um concerto à sombra de um cajueiro. Eram meninos e meninas daquela região, para os quais a oportunidade de despertar seus talentos musicais havia chegado pelas portas de uma ONG. Sabemos que muitas delas vêm desenvolvendo excelentes trabalhos de inclusão e promoção social de jovens e crianças nos últimos anos. É mesmo um encantamento vê-los usando as mais diferentes formas de arte para canalizar seus sentimentos e emoções.

À semelhança dessas organizações, muitas casas espíritas já se deram conta da riqueza que tais recursos propiciam em termos de desenvolvimento educacional. Por isso, os vêm ofertando em paralelo à tarefa da evangelização. Isso é ótimo. Além de motivar a permanência das crianças e jovens na instituição espírita, a atividade artística coletiva trabalha a disciplina, a perseverança, a aceitação das diferenças, a solidariedade e outros tantos valores necessários ao desenvolvimento integral do ser. "A Arte bem compreendida é poderoso meio de elevação e renovação. É a fonte das mais puras alegrias; ela embeleza a vida, sustenta e consola nas provas. [...] é um meio incomparável de civilização e aperfeiçoamento". (Léon Denis, *O Espiritismo na Arte*)

A ideia vem ganhando corpo. As casas espíritas estão introduzindo atividades artísticas nos seus planejamentos na medida em que encontram alguém com disponibilidade e competência para ministrá-las. Hoje já existem várias delas oferecendo aulas de teatro, música, artes plásticas e literatura, com excelente receptividade por parte da clientela jovem.

Até agora o que temos visto mostra o acerto da implantação dessas atividades. Em geral, o bom-senso impera na hora da tomada de decisão sobre o que oferecer ao público infantojuvenil. Há preocupação em não ferir os postulados básicos da Doutrina Espírita e em ajudar no crescimento espiritual das crianças e jovens.

Fico imaginando se, ao invés desse tipo de atividade, fossem apresentadas outras, também disseminadas entre nós, mas que nada trazem de positivo. Falo de certos tipos de danças eróticas – tão presentes em programas televisivos – e certos gêneros musicais cujas letras incitam a violência e a vulgarização da sexualidade. Em outro contexto e em outra época, mas abordando os equívocos que ocorrem na educação das crianças, Kardec comenta que "Tem--se a impressão que, desde o berço, a gente se esforça para excitar certas paixões que, mais tarde, se tornam uma segunda natureza, e nos admiramos dos vícios da sociedade, quando as crianças os sugam como leite." (*Revista Espírita, 1864*). No entanto, é papel dos pais – tal como registrou o próprio codificador em *O Livro dos Espíritos*, Q. 582 – zelar pelo desenvolvimento harmônico da personalidade dos seus filhos, destacando que na infância eles estão acessíveis a todas as impressões.

Este alerta tem sido usado para nos lembrar a importância de oferecer às crianças boas informações, de lhes dar exemplos positivos, estimulando-lhes o desenvolvimento das virtudes. Mas essa acessibilidade às influências externas também se manifesta em relação aos aspectos negativos. Somos espíritos em processo de evolução, carregamos conosco, ainda que momentaneamente adormecido, o nosso passado espiritual. Não sabemos onde foi que falimos, mas é quase certo que já erramos muito em vidas passadas. A capa da ingenuidade infantil esconde, muitas vezes, tendências e inclinações pouco nobres. São aspectos da nossa individualidade que precisamos deixar quietos, a fim de que não venhamos a errar de novo. E, graças à bondade do Pai, nascemos com o esquecimento quase completo do que ficou para trás. "Senhor das experiências adquiridas que lhe despontam do ser, em forma de tendências e impulsos, recebe o Espírito um corpo físico inteiramente novo, em olvido temporário, mas não absoluto, das experiências pregressas, corpo com o qual será defrontado pelas circunstâncias favoráveis ou não do caminho que deve percorrer, para prosseguir na obra digna em que se haja empenhado ou para retificar as lições em que haja falido." (*Evolução em dois mundos*).

É responsabilidade dos pais e educadores espíritas manterem fechadas as portas que possam dar acesso a essas tendências e inclinações negativas, preservando o direito que a criança tem de ser orientada no caminho do bem. Ela não merece ter uma reencarnação comprometida por negligência daqueles que deveriam cuidar da sua evolução espiritual. Felizmente a regra tem sido a garantia desse direito, pelo menos para aqueles que buscam colocar em prática as lições do Evangelho.

Em relação aos que ainda não entenderam o seu papel de guardião da criança, chega a ser cruel a forma como lidam com essa questão. Tudo começa como se fosse uma simples brincadeira. Sob a alegação de que "Não há nada de mais nisso", vão fazendo roda para a criança mostrar a dança erótica ou a música de forte apelo à sexualidade ou à violência. Quando se vê, ela poderá estar com as portas dos seus arquivos perispirituais abertas. Se o que foi oferecido tiver encontrado eco nas suas tendências adormecidas, ela terá facilidade em manifestar, através do seu comportamento, aquelas inclinações que deveria corrigir. É aí que reside o problema. Não estamos livres de ser alcançados pelos nossos antigos companheiros. É tudo uma questão de sintonia. Ao alimentarmos certos gostos, ao agirmos de certa forma, oferecemos campo para que as sintonias vibratórias se façam. Para o bem e para o mal.

Muitas são as obras espíritas que tratam da questão da sintonia induzida pela adesão a determinados comportamentos ou pela frequência a certos ambientes. Creio que para nós, educadores, há uma que se destaca por sua contemporaneidade. Trata-se de *Vereda familiar*, ditada ao médium Raul Teixeira por Thereza de Brito, uma mãe de família – agora na pátria espiritual. Nela, há uma mensagem memorável acerca do carnaval e das más sintonias a que estão sujeitos aqueles que aderem, com entusiasmo, aos seus festejos. "Em considerando as leis fluídicas, – afirma a autora espiritual – não podemos menosprezar a influência nociva de entidades desencarnadas que, mesmo fora do corpo somático, persistem, tal como eram, quando encarnadas, e, a partir daí, associam-se aos foliões, pelas leis de afinidade psíquica. Deprimidos, violentos, zombadores, levianos, sexólatras, magnetizadores impiedosos, todos estes tipos de desencarnados se ajustam aos encarnados que lhes dão guarida mental, o que sempre acontece."

E acrescenta: "Vocês, pai e mãe, atentos à nobre tarefa de educar seus rebentos, envolvam-nos com seu amor e sua assistência... [...]. Se alguém, em lhes percebendo a atitude, perguntar o que há demais no carnaval, não se preocupem, nem se agastem em responder. Saibam, contudo, que 'demais' nada há no carnaval, só há 'de menos', e sigam adiante, verdadeiramente felizes, na trilha da anelada libertação, aureolados pela gratidão de seus filhos ditosos, atendendo aos programas de amadurecimento e iluminação, para o qual reencarnaram vocês e eles no mundo atual."

Portanto, nunca é demais lembrar que por trás de uma simples brincadeira pode haver consequências inimagináveis. Atentos, pois, a essas possibilidades, façamos a nossa parte, com muita responsabilidade e zelo.

# O sentido da vida

Em 2007, durante o I Congresso Médico Espírita realizado no estado de Maryland, nos Estados Unidos, um senhor ainda muito forte, apesar dos seus mais de oitenta anos, encantou a todos ao relatar a sua história de vida. Era o Dr. George Ritchie, médico psiquiatra conhecido no Brasil por ter lançado, em 1980, um livro intitulado *Voltar do amanhã*. Nele, há um comovente relato de uma experiência de quase-morte (EQM) por ele vivida na época da II Guerra Mundial. Aliás, foi ele quem inspirou o Dr. Raymond Moody Jr. a escrever o famoso livro, *Vida depois da vida*, amplamente divulgado entre nós. O ponto alto da narrativa é o momento em que um ser de luz que o recebe quando ele se vê fora do corpo lhe pergunta: "O que você fez da sua vida?" Diante do vazio que sentiu naquela hora, ficou envergonhado. Analisava os seus vinte anos de vida e não encontrava nada que pudesse vir a seu favor, a não ser o fato de ter sido escoteiro. O ser de luz tornou-se mais preciso. Queria saber quanto amor ele havia dedicado aos seus semelhantes, quanto amor havia dado ao próximo. Percebeu, então, que ele falava do sentido da vida e, a partir daquela experiência tão profunda, prometeu a si mesmo que se houvesse um novo encontro com aquele ser, ele poderia dizer que vivera para servir e amar. Todos que o conhecem são testemunhas de que ele, realmente, tem vivido para cumprir essa promessa.

Será que o fato de se estar na mocidade é desculpa para se viver exclusivamente para si? Será que voltar-se para o próximo é tarefa para os mais velhos? É evidente que não. Ninguém é uma ilha. Estamos aqui para cumprir nossa evolução espiritual, embora nem todos o admitam e, mesmo entre os que conhecem essa verdade, muitos vivem como se tudo se resumisse à matéria. Às vezes, o envolvimento familiar com as questões do dia a dia é muito forte. O que há de mais importante vai ficando à margem das atenções. Investimentos são feitos pensando no futuro material dos filhos, e pouco se faz em relação ao seu futuro espiritual. No entanto, como nos diz *O Evangelho segundo o Espiritismo*, a única coisa que realmente conta após a vida terrena é o bem que tivermos feito. Por isso, é sempre oportuno trazer a questão do sentido da vida para a reflexão.

O espírito de solidariedade é algo que precisa ser ensinado à criança, pois se essa agisse somente segundo o seu desejo, dificilmente sairia do seu egocentrismo. É, inicialmente, a vida social com suas trocas, seus jogos e brincadeiras, intercâmbios de papéis – ora ela vence, ora é vencida – que vai lhe sinalizando que ninguém é uma ilha, que o seu prazer e a sua alegria dependem do outro. Romper o egocentrismo não é um processo que se pode desenvolver sozinho. Ao contrário, as crianças precisam de mãos seguras para a sua condução. Cabe aos pais e educadores oferecer oportunidades para que elas, antes mesmo que possam ser capazes de entender o sentido da vida, sejam incentivadas a deixar de se ver como o centro do mundo, passando a incluir o outro nas suas atividades. Não é tarefa fácil, é verdade, mas pais atentos saberão usar os meios adequados para ajudá-las a se transformar em pessoas colaboradoras e generosas. No princípio, às vezes, o que funciona é o sistema de sanções: "Se você não empresta o seu brinquedo, ele também não emprestará o dele que você está desejando tanto". Outras vezes, é o próprio exemplo observado na intimidade do lar que convencerá a criança que a vida não gira em torno dela. Mas, de qualquer forma, mais cedo ou mais tarde, não se poderá abrir mão de levar o adolescente a se questionar sobre o que veio fazer aqui; sobre o que está fazendo da sua vida. Por isso, você que é pai ou mãe, que provavelmente já vem fazendo investimentos pensando no futuro do seu filho, levante a questão. Puxe o fio da meada, fazendo-o pensar nas respostas. Aproveite que nessa época o seu cérebro está em plena transformação, abrindo-se para as questões abstratas. Não o deixe seguir pela vida sem ter a chance de crescer espiritualmente. Faça a sua parte. Invista, enfim, naquilo que realmente irá valer a pena.

# O menino do violino

A notícia saiu em toda parte: "morreu o menino Diego do violino, do grupo AfroReggae." Também nós havíamos ficado comovidos ao vê-lo tocar, chorando, no sepultamento do seu antigo professor, meses antes. Aquelas lágrimas se constituíram em uma das mais emocionantes cenas do nosso noticiário recente. Não era, pois, de se estranhar, que o seu prematuro retorno à pátria espiritual causasse tanta comoção. Foi matéria de primeira página de jornal e mereceu destaque especial nos principais telejornais do dia.

*Sites* da internet rapidamente apresentaram um apurado levantamento da sua vida, sua arte e da sua partida. Assim ficamos sabendo que Diego era um menino feliz, que gostava muito do que fazia. Tinha tido uma vida difícil. Aos quatro anos, teve meningite, agravada por uma pneumonia. Sobreviveu à doença e ao crime que o rodeava, no lugar onde cresceu. Mesmo com a memória comprometida por problemas de saúde enfrentados na infância, destacou-se na Orquestra de Cordas do AfroReggae. Diego do Violino – como se tornou conhecido – foi aplaudido por onde passou. O seu violino era tocado com a alma.

Esta história, só a conhecemos depois que o seu estado de saúde se agravou e se tornou notícia nos jornais. O sentimento que ele despertou nas pessoas, no entanto, veio antes, na hora em que o vimos chorar enquanto tangia o seu violino em homenagem ao mestre que partia. O que nos tocou o coração foi perceber a sua extrema sensibilidade, seu sentimento puro, cristalino, algo que em sua curta vida, ele dera provas de haver aprendido. E foi essa sensibilidade que encontrou eco no fundo do nosso ser, levando-nos a refletir sobre os sentimentos infantis.

Nós, educadores, quase sempre estamos mais preocupados em passar informações e desenvolver o intelecto das nossas crianças do que em ajudá-las a trabalhar os seus sentimentos. Muitos chegam até mesmo a afirmar que a educação da afetividade não é tarefa nossa. Grande engano. O verdadeiro educador está também atento para este aspecto. Sabe que são eles, os sentimentos, que nos fazem mais humanos.

Trabalhar a sensibilidade é tarefa que exige mais do que esforço e dedicação. É preciso que se esteja atento, também, às oportunidades que a vida apresenta. Lembro-me de um relato de Pestalozzi, o eminente educador suíço, acerca de uma experiência por ele vivida numa época em que dirigia um internato destinado a abrigar crianças muito pobres da região de Stanz, uma aldeia situada na zona rural do seu país. Ali, com muito amor, tentava compensá-las das privações que passavam, uma vez que a instituição era mantida muito precariamente pelo governo. O fato narrado teve origem em um grande incêndio ocorrido nas redondezas do vilarejo, o que levou inúmeras famílias a perderem suas casas. Em face dos acontecimentos, reuniu seus meninos, explicando-lhes a situação. Falou-lhes do seu desejo de abrigar cerca de vinte crianças que estariam, naquele momento, sem teto, sem alimentação e sem vestimenta. Como essa medida implicaria em fazer com que as crianças passassem mais dificuldades materiais, decidiu questioná-las a respeito, deixando claro quais seriam as consequências dessa decisão. A resposta positiva que recebeu tocou fundo a sua emoção. Sim. Elas estavam dispostas a ter que trabalhar mais nas aulas, a comer menos e a dividir suas roupas com as crianças desabrigadas. Tudo por amor.

Este é, sem dúvida, um belo exemplo de como deve ser a educação do sentimento: por meio de ações. Se, portanto, queremos ter filhos sensíveis, precisamos levá-los a vivenciar conscientemente situações nas quais os bons sentimentos possam ser exercitados. Há, no dia a dia, inúmeras ocasiões que se prestam a isso. Basta um olhar a nossa volta para constatarmos as lutas e dificuldades que enfrentam parcelas significativas da nossa população. Seria bom que a criança aprendesse a ver no outro um igual, um filho de Deus que, por razões que se ignora, passa por provações. Cabe principalmente aos pais manter suas antenas ligadas para detectar situações que se prestam ao exercício das boas ações, da expressão dos bons sentimentos e da sensibilidade, ajudando seus filhos no desenvolvimento da afetividade.

O menino Diego, tocado pela música, teve algo a dar ao seu mestre naquela despedida. O seu caso ficou para nós como um exemplo a ser seguido. Conforta-nos imaginar que agora, onde se encontra, o som do seu violino enche de encantos e suavidade o seu caminhar.

## Pais e filhos: amigos ou estranhos?

Encontros com evangelizadores são frequentes em minha vida. Espaços de aprendizagens e de trocas, deles retorno com a bagagem ampliada. Em uma ocasião, – em uma pequena cidade do noroeste fluminense – ouvi um relato que me fez pensar. Estávamos abordando o tema "A família nos dias atuais e suas dificuldades". Os depoimentos se sucediam até que uma evangelizadora experiente nos relatou uma atividade elaborada por seu grupo para aproximar pais e filhos. Uma ideia simples, mas de grande impacto.

O ponto de partida foi a percepção de que, com as novas estruturas familiares, morar com pai e mãe nem sempre é uma realidade para crianças e jovens. Por isso, o grupo decidiu abolir os festejos do Dia das Mães e do Dia dos Pais, instituindo no seu lugar o Dia da Família. Marcada a data, foi, então, organizada uma grande festa para os evangelizandos, os pais, os avós, os irmãos e os responsáveis (em geral o padrasto ou a madrasta). Sem dúvida, uma ótima iniciativa. Assim, foram realizadas várias atividades reunindo todos os membros da família: jogos, brincadeiras, lanche etc. O que ninguém esperava é que aquele encontro pudesse revelar de forma tão crua, o profundo fosso que está se abrindo entre as gerações, dentro dos próprios lares. O fato ficou patente ao término de uma das atividades que juntava as mães, os pais (ou responsáveis) e os filhos. Era, aparentemente, algo muito simples. Havia um painel onde se destacava uma macieira grande, pintada. Cada participante receberia uma maçã de cartolina na qual deveria escrever o que mais apreciava e o que mais reprovava no outro. Os pais escreveriam para os filhos e esses para os pais. Terminada a escrita, cada um deveria afixar sua maçã na árvore. Por fim, todos poderiam ir até o painel para descobrir o que o outro pensava a seu respeito.

Quanta surpresa! Muitos ali sequer podiam imaginar as mágoas e as queixas que se escondiam nos corações amados, em ambos os lados.

Onde foi que se perderam uns dos outros? Por que se tornaram tão estranhos entre si?

As respostas comportam certa complexidade, porque sabemos que cada caso traz a sua singularidade, mas esse episódio aponta algumas pistas que podem ser exploradas. A principal delas é a falta de diálogo. Tempo escasso e desencontro de horários são logo apontados como as principais causas do problema. Mas será que é somente isso? Se tivessem mais tempo a situação seria diferente?

O que mais chama a atenção no exemplo citado é o fato

de se passar em uma cidade de interior, onde não há tanta correria, a vida flui com mais calma e as crianças ainda conseguem conviver em espaços que favorecem a ação coletiva: ruas, quintais, campinhos... Indagada a respeito, a evangelizadora confirmou que isso de fato ocorre, mas acrescentou que as novas formas de comunicação estão levando as crianças e os jovens para diante dos seus aparelhos eletrônicos, isolando-se do restante da família. É a dinâmica da vida concretizando suas mudanças.

Sempre que me deparo com situações como essa, penso que ao invés de nos queixarmos das mudanças a que estamos sendo submetidos, deveríamos nos indagar sobre os motivos pelos quais Deus nos fez renascer sob essas circunstâncias. Por que somos os pais dessas crianças que estão chegando no momento em que o mundo passa por esse tipo de transformação? Não estaríamos, de alguma forma, comprometidos em fazê-las progredir exatamente nesse panorama? Talvez esteja a nosso encargo a descoberta dos meios de nos aproximarmos mais desses filhos; talvez tenhamos que renunciar algo em favor de um tempo maior com eles; talvez tenhamos que reaprender como manter a confiança e a intimidade dos primeiros tempos, quando eles buscavam em nossas mãos a ajuda para os seus passos vacilantes. O que é certo, porém, é que precisamos instaurar ou restaurar o diálogo.

Sob a ótica espírita, sabemos também que podemos receber em nossos lares espíritos muito diferentes de nós. Em *O Livro dos Espíritos*, ao abordar esse tema, os benfeitores espirituais chegam mesmo a questionar o seguinte: "como quereis que permaneça [sem conflitos] em vosso meio esse novo ser, que vem com paixões totalmente diferentes das que possuís, com inclinações e gostos inteiramente opostos aos vossos?" (Q.385). É claro que eles não estão se referindo a todos os filhos, até porque em outro momento desse livro há uma explicação para a parentela corporal: muitos espíritos afins retornam juntos. Mas é inegável que recebemos, também, espíritos que são o nosso oposto em tudo. Justifica-se, nesses casos, a razão de tanto estranhamento com o passar dos anos.

No entanto, o fato de haver uma possível explicação para o caso não justifica que os pais se afastem dos filhos. Ao contrário. Embora não o saibamos, deve haver uma razão para recebermos um estranho no lar. Débitos do passado? Compromissos livremente assumidos? Não o sabemos. Não podemos nos esquecer, porém, "Os Espíritos só entram na vida corporal para se aperfeiçoarem, para se melhorarem." (O Livro dos Espíritos, Q. 385). É, portanto, um compromisso de quem os gerou, cuidar para que esse progresso se dê, conscientes de que é indispensável que façamos nossa parte como educadores.

## Em torno da mesa

Viajar para o Líbano sempre fora um sonho acalentado desde a mocidade. Desejava conhecer a terra dos meus avós paternos, ver de perto os pomares, tocar com as mãos as romãs graúdas e provar a doçura dos figos e das uvas. A oportunidade chegou há alguns anos atrás. Viagem arrumada por primos e amigos. Foi como um grupo de adolescentes, tentando controlar a efusão de alegria, que partimos no mês de setembro, a tempo de conferir os paladares anunciados por minha avó. Estava tudo lá, tal como contara: as romãzeiras, as figueiras, as parreiras... Ao brilho do sol, brilhava também meu coração, feliz por rever os primos que já haviam retornado quando eu ainda era menina e ansiosa por conhecer suas famílias.

Recebidos da forma acolhedora tão típica do povo libanês, passamos de casa em casa, sempre em torno da mesa. Lá estavam as iguarias tradicionais da terra, degustadas na folha de alface ou no pão sírio, os doces cobertos de mel ou recheados de nozes, os sucos das uvas colhidas nos terraços das casas.

Em um jantar na casa de um primo, a enorme variedade de pratos chamou-me a atenção. Em meio às saladas, aos legumes cortados em talos compridos, às pastas e aos pratos principais, havia várias cumbuquinhas com pistaches, espalhadas pela mesa. Olhava tudo, sem ter a mínima ideia da ordem dos pratos. Não resistindo à curiosidade, perguntei à nossa anfitriã. Com muita simpatia, explicou-me tudo, da entrada às sobremesas. Mas os pistaches haviam ficado de fora. "E os pistaches?", indaguei. Sorrindo, como quem falasse de algo muito óbvio, me respondeu: "Nós não nos levantamos logo da mesa. Aqui temos o hábito de ficar ainda conversando por um bom tempo. É nessa hora que eles entram. Conversamos e beliscamos os pistaches."

Então, era isso! Nós também, em nossa casa tínhamos a hora dos pistaches, e eu não sabia.

Tudo isso me veio à lembrança quando, na semana passada, comemorando o aniversário de nossa mãe, encontramo-nos todos reunidos ao redor da mesa. Terminado o almoço, lá estávamos nós, por mais de uma hora, conversando ao seu redor. Conversas sem pressa, roladas de um lado para o outro, ao sabor do tempo, "beliscando os pistaches". Mais importante, porém, do que o teor daquelas conversas, foram as reflexões que me vieram à mente quando de lá saí.

Pensava – e lamentava – na abolição desse costume. É possível que haja famílias que ainda o preservem, mas, com a correria do mundo moderno, na maioria das casas a refeição em família foi substituída pelo "cada um faz seu prato e leva para comer onde quiser", quando não é feita nos restaurantes *self-services*.

Família reunida ao redor da mesa não está jogando conversa fora. Ali, no entrecruzar de gerações, valores são passados de forma espontânea, quer nos casos relatados, nas opiniões emitidas ou no próprio teor do que é tratado. Aprende-se sem sentir. Tudo flui naturalmente, de uma geração para outra.

Ali também está a oportunidade de se reforçar os sentimentos de identidade, na medida em que se fala da própria família, das suas origens e dos seus casos mais pitorescos, mantendo viva a lembrança dos antepassados. Ao redor da mesa podem-se compartilhar as dificuldades na certeza de que haverá mãos amigas oferecendo o apoio e falar dos sucessos já contando com os aplausos. Aquele é o espaço no qual podemos nos mostrar por inteiro, de forma autêntica, sem disfarces. Somos o que somos e todos o sabem.

Revendo cenas passadas em torno da mesa, me dou conta das inúmeras vezes em que me vi surpreendida pela passagem do tempo que transformou adolescentes em profissionais respeitados e em chefes de família envolvidos com suas proles. Foi, também, ao seu redor que constatei, triste, as marcas da senilidade nos nossos idosos, pelo apagar do brilho das suas mentes ou pela nova e desconcertante dependência. Foi ali, ouvindo-os repetir os mesmos fatos, sem disto se darem conta, que compreendi que a vida, sempre tão pródiga, estava agora esperando que lhes retribuísse o quanto recebera, exercitando a paciência e ampliando os cuidados.

Para nós, espíritas, aquele é ainda um lugar especial: é o palco dos nossos Cultos do Evangelho no Lar. Afirma André Luiz em *Obreiros da Vida Eterna* (cap. XVII), que o ambiente equilibrado pela prece e pelos pensamentos de elevação moral criam uma condição propícia para que benfeitores espirituais possam trazer, para os membros da família ali reunida, os benefícios a que fazem jus. É assim que, sem nos darmos conta e apenas confiando na bondade divina, problemas graves que nos afligem são solucionados. Por isso bendizemos os momentos em que, semanalmente, nos sentamos em torno da mesa para nos nutrirmos do alimento espiritual. Algo tão bom, que somente aqueles que já o praticam conseguem avaliar.

# A criança terceirizada

A quem cabe a responsabilidade de cuidar e educar os filhos? Esta pergunta, nos dias atuais, tem dividido opiniões. Embora, em tese, quase todos digam que é a família, em especial, os pais, na prática, porém, esta responsabilidade é repartida por outras pessoas. A participação da mulher no mercado de trabalho alcançou, neste início de século, patamares nunca anteriormente atingidos. Para conciliar o papel de mãe com a de profissional, a mulher precisa, de fato, contar com a ajuda de parentes ou pessoas contratadas para este fim. Precisa, ainda, de instituições como creches e escolas.

É verdade que houve um momento na história em que as mães delegavam a amas distantes as tarefas da maternidade. Elisabeth Badinter, filósofa francesa, relata no seu livro *Um amor conquistado*, que na França do século XVIII, foi um modismo, entre as mulheres ricas, considerar a criança como um estorvo, "um empecilho para a mãe, não apenas na vida conjugal, mas também nos prazeres e na vida mundana". Um relatório apresentado pela autora dá conta de que, em Paris, das 21 mil crianças nascidas em 1780, apenas menos de mil foram amamentadas pela mãe. As demais foram entregues a amas, a maioria residentes no campo. Algumas viam os filhos somente depois de um, dois ou três anos. Outras, jamais retornavam para buscá-los.

Mas a sociedade mudou. De lá até meados do século XX, a família, em especial a mãe, voltou a assumir os cuidados com a prole. Aos poucos, no entanto, novas modificações ocorreram, fruto das transformações sociais. Hoje, o que vemos, na maioria dos países ocidentais, é essa mãe profissional, tendo que "terceirizar" os cuidados e a educação dos seus filhos.

O tema é instigante e motivou um dos mais respeitados pediatras do país, Dr. José Martins Filho, a abordá-lo em um livro: *A criança terceirizada. Os descaminhos das relações familiares no mundo contemporâneo*. O autor, além das inúmeras atividades exercidas na área materno-infantil, é membro atuante da Sociedade Brasileira de Pediatria, foi diretor da Faculdade de Ciências Médicas da UNICAMP e reitor dessa mesma universidade.

O texto prende o leitor ao mesmo tempo em que suscita muitos questionamentos. É digna de nota a coragem com que o médico expõe sua opinião sobre uma problemática tão séria, com tanta delicadeza.

Com profundo conhecimento de causa, Dr. Martins Filho trata da questão da responsabilidade pela educação e cuidado com os filhos. Mostra que, com as demandas do mundo moderno, há uma crescente transferência dessa responsabilidade para terceiros, como avós, babás, vizinhos ou funcionários de creches. Tendo traçado uma comovente análise histórico-social da criança abandonada, faz um paralelo entre essa e as nascidas na sociedade atual, marcada pelo consumismo, imediatismo e individualismo, crianças cujos pais estão sempre ocupados em busca do ganha-pão, da garantia no emprego, nos deslocamentos demorados, no autoaperfeiçoamento educacional, ou até mesmo na busca pelo prazer, divertindo-se. "...criança que vive abandonada em gaiolas de ouro, cujos pais ou cuidadores não a maltratam, apenas não têm tempo ou percepção para dar a ela atenção, carinho e cuidados".

Das muitas questões levantadas no livro, destaco três que me pareceram bastante interessantes: a reciprocidade amorosa entre a criança e sua cuidadora, os novos modelos de família e a vergonha de certas mães de assumir o seu papel.

Dr. Martins afirma que a boa babá é aquela que se apaixona pela criança que está cuidando, o que acaba gerando uma reciprocidade. Isso pode acarretar uma crise de ciúmes entre a mãe e a babá (ou quem dela cuida) que, geralmente, termina com o afastamento da "concorrente". Mostra, então, que esses vínculos rompidos podem causar dores e sofrimentos que marcarão a criança para o resto da vida.

Sobre os novos modelos de família dá destaque aos casais que optam por terem filhos tardiamente. São aqueles que têm um forte desejo de aproveitar a vida ou de consolidar suas carreiras profissionais. No seu entender trata-se, comumente, de pessoas despreparadas para assumirem as profundas mudanças acarretadas pela vinda de uma criança e que se sentem desnorteadas ou desconfortadas no exercício do novo papel.

Aborda, além desse, outro modelo: o das famílias com filhos de diferentes casamentos. Fala-nos do sofrimento e da solidão que tem encontrado em crianças que moram em lares onde há excesso de pessoas querendo atenção, crianças cujo comportamento se aproxima das marginalizadas ou abandonadas.

Quanto ao terceiro ponto destacado, passa-nos a angústia que certas mães estão sentindo por quererem se dedicar, ainda que por certo tempo, exclusivamente à educação e cuidado dos seus filhos. Temem se sentirem ridicularizadas ou rotuladas como retrógradas.

Para todos esses casos o autor dá uma única recomendação: "Pais, assumam seus filhos. Não os passem a terceiros". Lembra-lhes, ainda, que devem amá-los, protegê-los, dando-lhes carinho e atenção para que cresçam física e psicologicamente sadios.

Entendemos que essa exortação não significa uma condenação aos genitores, pois cada sociedade traz as marcas do seu tempo. O que, talvez, precise ser revisto, são os modismos, os exageros. Seria interessante que eles fizessem, de vez em quando, um balanço das reais necessidades da família; que procedessem a uma avaliação sincera da motivação que os mantém longe dos filhos, por tantas horas; que verificassem se aquilo pelo qual tanto lutam, se justifica, do ponto de vista espiritual.

Mergulhados na matéria, acabamos por esquecer os verdadeiros valores que devemos cultivar a fim de ascendermos espiritualmente. Além desse aspecto, há outro igualmente importante e que não deve ser menosprezado. Sabemos que renascemos em uma determinada família para refazermos trajetórias mal feitas em vidas passadas. São os reajustes de que precisamos para progredir. Ainda que as circunstâncias os obriguem a "terceirizar" os cuidados da criança, a educação ético-moral deveria ser uma prerrogativa dos pais, em primeiro lugar.

## O valor do aplauso

Há alguns dias atrás, conversando com uma senhora de mais de 90 anos, fiquei encantada ao ouvi-la contar casos ocorridos quando tinha apenas cinco anos de idade. Lembrava-se, particularmente, da epidemia de gripe espanhola, em 1918. Na sua casa, fora a única, em uma família numerosa, a não contrair a doença. Por isso, procurava ajudar na medida do possível. Com um meigo sorriso e o olhar distante, recordava suas idas à farmácia, suas andanças entre as camas dos doentes levando o remédio, seus medos e suas perguntas sem respostas. E, com um brilho especial nos olhos, contava que saía todas as manhãs à cata de gravetos para facilitar o acendimento do fogão de lenha. Voltava com os bracinhos carregados. Entregava-os a sua mãe e se postava de pé, junto ao fogão, aguardando que as labaredas se fizessem vivas, pois sabia que, naquela hora, além do agradecimento, ela iria tecer-lhe um elogio, acompanhado de um sorriso. Para a menina, aquelas palavras e o sorriso eram a sua melhor recompensa. Para ganhá-los valia qualquer sacrifício.

Passados quase 90 anos, essa imagem ressurge intacta no fundo da sua memória. É um retrato fiel de um processo ímpar: o florescer da sua autoestima. Na constituição da sua personalidade, receber da própria mãe palavras elogiosas ajudaram-na a se ver como uma menina de valor, digna da admiração e respeito.

Popularizada pela mídia, a ideia de autoestima por vezes se afasta dos sérios estudos científicos existentes a respeito. Nem sempre há clareza sobre como se dá a sua formação. Ignora-se, com frequência, que ela tem a sua origem no autoconceito e que esse, ao contrário da autoestima, é um processo de cunho cognitivo. Implica conhecimento, antes de tudo.

Ou seja, na infância, diante da incapacidade que a criança tem de se autoanalisar, o julgamento que faz acerca de si mesma provém dos adultos a sua volta. São eles, com seus comentários, que a ajudam a formar o seu autoconceito. Na impossibilidade de saber se é uma "gracinha" ou uma "pestinha", precisa ouvir isso dos que dela cuidam, passando, então, a assumir tais rótulos ela própria. Nasce daí a autoestima, o sentimento que nos faz gostar, ou não, do nosso jeito de ser, fruto dos julgamentos que fazem a nosso próprio respeito, os quais incorporamos como se fossem nossos.

No caso aqui relatado, as expressões elogiosas e os sorrisos de agradecimento da mãe, foram dando à criança a certeza de que era uma boa menina. Não lhe parecia, porém, um elogio vazio. Ao contrário, ela o percebia como uma reação às suas atitudes generosas e intencionais. É assim que se constrói uma autoestima positiva.

Aproveitam-se as oportunidades reais oferecidas pela criança ao fazer algo de bom para lhe fazer entender que agiu corretamente, deixando clara a satisfação que se tem com isso. Também os adultos podem – e devem – criar situações favoráveis ao seu bom desempenho. Isso vale para jogos, desafios, atividades artísticas ou simples brincadeiras inventadas de improviso naquelas tardes chuvosas ou manhãs de sol que aproximam pais e filhos.

A criança, assim estimulada, vai ganhando autoconfiança e então passa a tomar ela própria a iniciativa de se exibir para ganhar o aplauso. E, feliz, vem mostrar o passo de dança que acabou de aprender, o malabarismo que já consegue fazer com a bola, o desenho recém-colorido, sua pontuação alta no videogame, a boa ação que acabou de realizar ou até mesmo o boletim escolar com boas notas.

Quando Jesus nos exortou a amar a Deus sobre todas as coisas e ao próximo como a si mesmo nos delegou, também, a obrigação de nos amarmos, de nos aceitarmos como somos.

Pesquisas sobre a autoestima de crianças e de jovens vêm, de há muito, evidenciando que vale a pena se investir na sua elevação, pois eles ganham autoconfiança e capacidade de ter iniciativa, aumentam a tolerância à frustração e a capacidade de autossuperação. Mostram, também, que eles são mais determinados e persistentes. A autoestima baixa, ao contrário, quando perdura muito tempo, chega a ter mesmo alguns efeitos devastadores como comportamentos delinquentes e atitudes de não enfrentamento que podem até culminar com a autodestruição. Em síntese: não conseguiremos oferecer amor ao próximo se o negamos a nós mesmos.

Pais que verdadeiramente amam seus filhos, que os veem como criaturas de Deus, carregando dentro de si o gérmen da perfeição, não deixam de aspirar a sua evolução espiritual. É por isso que os vemos empenhados em lhes oferecer *feedbacks* positivos, impregnados de amor. Sabem que assim estão colaborando para construir personalidades moralmente fortes e determinadas. Essas duas qualidades são fundamentais na busca da reforma íntima. Conquistando-as, fica mais fácil empreender os esforços para se controlar as más tendências trazidas do passado. Essa seria, enfim, uma forma de auxiliá-los a se tornarem pessoas de bem. "A tarefa não é tão difícil quanto vos possa parecer. Não exige o saber do mundo. Podem desempenhá-la assim o ignorante como o sábio, e o Espiritismo lhe facilita o desempenho, dando a conhecer a causa das imperfeições da alma humana." (A. Kardec, *O Evangelho segundo o Espiritismo*, cap. XIV).

Mas é preciso se ter sempre em mente que manter uma autoestima alta é um caminho para a evolução espiritual e nunca para um culto ao narcisismo ou ao egoísmo. A exortação do Mestre Jesus é bem clara ao colocar lado a lado o dever de amar ao próximo e amar a si mesmo, fazendo-os preceder pelo dever de amar a Deus, nosso Pai e Criador.

## Nas mãos amigas dos pais

Manhã de sol. Praia mansa de águas muito frias. Luisa, de seis anos, brinca com uma coleguinha da mesma idade.
— Agora corre lá de longe! – Ordena Luisa e a parceira se afasta, dá uma carreira e mergulha no raso, em meio às espumas. – Agora corre e dá um pulo! – Manda novamente. A outra se afasta, corre e ensaia um salto antes de mergulhar. E assim permanecem por mais de um quarto de hora: Luisa inventando situações, mandando, sem sair do lugar, e a outra alegremente realizando seus desejos. É verdade que, em vários momentos, a colega tenta convencê-la a entrar na água, sem sucesso. Alegando que está gelada, não aceita. Continua rindo e brincando do mesmo jeito: na areia, de pé, encostada em sua mãe, que a ampara, sustentando-a pelos braços. Também ela se diverte com aquilo tudo.

A espontaneidade e a liderança de Luisa são tão evidentes que deixam dúvida ao observador sobre a sua verdadeira condição: ela só consegue andar com ajuda. Nascida de cinco meses, ficou mais de três hospitalizada, tendo sido vítima de complicações cerebrais que resultaram em dificuldade em manter-se em equilíbrio. Mas coisa alguma ofusca o seu jeito de ser. Apesar de estar segura pela mãe, nada há em sua aparência que demonstre qualquer fragilidade. Na brincadeira na praia, percebia-se que a amiga a tratava de igual para igual. Tendo sido colegas quando eram menores, a outra conhecia as suas limitações. Talvez por isso, tenha aceitado com prazer todos os desafios que ela lhe propunha. Dava a entender que corria pelas duas. Comovente!

Analisando a cena, ficou patente o belo trabalho que os pais das meninas fizeram para que manifestassem aquele comportamento de total integração. Chegar aos seis anos vendo o outro como um igual é não ter sido contaminado por preconceitos nem por estereótipos adultos, é manter a pureza no coração e no olhar. Criança quer é brincar, não se importando muito com a condição do parceiro. E, para a colega, Luisa foi uma parceira e tanto!

O mais importante, porém, foi o trabalho feito pelos pais da própria Luisa. A princípio, não lhes foi fácil aceitar a situação. Confusos, buscavam entender a razão pela qual Deus lhes havia enviado uma filha com tantos problemas. E o tempo só fazia agravar suas dores e sofrimentos, pois as evidências das complicações neurológicas, sofridas no berçário, começavam a se manifestar à medida que a menina crescia.

Tudo ia mal, até o dia em que tomaram conhecimento da Doutrina Espírita. Ao compreender os seus princípios, buscaram interpretar os acontecimentos vividos à luz dos seus postulados. Só então, encontravam o consolo tão esperado. Daí para diante, Luisa passou a ser vista como um presente do céu, uma oportunidade para aqueles pais cobrirem de amor esse espírito valente que, a despeito das dificuldades da chegada, dava provas de que havia entrado na nova existência lutando para valer. Mais do que um desafio, vê-la feliz e integrada à vida passou a ser, para eles, uma meta a alcançar. Nada da infância lhe foi negado. Nada se constituiu em limitação: escola, balé, jogos, passeios, lazer... Hoje a menina se espanta quando alguém lhe diz que ela não anda. "Ando, sim. Só que com ajuda", responde. Como é muito graciosa e os pais a ajudam a realizar tudo o que está ao seu alcance, sua limitação locomotora não foi capaz de diminuir a sua autoestima.

É profundo o sentimento de gratidão que os pais nutrem em relação à Doutrina Espírita, uma vez que, por seu intermédio, puderam compreender as sublimes leis que regem a nossa evolução espiritual. Quando olham a frágil constituição física da filhinha, pensam: e se for uma prova que ela mesma escolheu antes de reencarnar? Os guias espirituais foram claros ao afirmar a Kardec que o espírito também pode escolher um corpo imperfeito para auxiliá-lo a progredir, e que vencerá os obstáculos do caminho com mais segurança se entender que esse corpo representa uma prova. *(O Livro dos Espíritos,* Q. 335).

Por outro lado, o casal sabe, também, que não somos vítimas de um Deus cruel e injusto. Ao contrário, compreende que as Suas leis são perfeitas. Admite, então, que se a sua menina não escolheu a fragilidade corporal como prova, pode tratar-se de um resgate. O estudo doutrinário espírita facilitou a compreensão da lei de causa e efeito. Entende que se hoje sofremos foi porque fizemos sofrer em vidas anteriores. Assim esclarecidos, os pais de Luisa aceitam os novos desafios como oportunidades benditas para reajustes necessários.

Além de compreensão e resignação, o Espiritismo também lhes deu a convicção de que um problema de ordem física não pode impedir, de jeito algum, o direito da sua menina à felicidade. E é por isso que quem a vê enxerga um espírito feliz, certo de que nesta nova etapa terrena pode contar com as mãos amigas dos pais.

No fundo, Luisa é como todos nós que caminhamos com mais firmeza quando sentimos a mão de Deus a nos guiar.

## Brincadeira é coisa séria

Daniel ainda não fez três anos. Na casa da avó todos estavam concentrados assistindo ao futebol na televisão. Em um canto da sala, começa a cantar o refrão "Ô, ô, ô, a casa do vovô!" enquanto marca o ritmo batendo com dois pinos de boliche. Em pouco tempo todos os adultos já estão com seus pinos nas mãos – pinos trazidos por ele – e são incentivados a acompanhá-lo no refrão. Quando percebe que todos entenderam a brincadeira, passa, então, a alterar o ritmo, cantando ora depressa, ora devagar. Não há como resistir...

Cenas como essa permeiam o dia a dia das famílias onde há crianças. Tudo para elas se transforma em brincadeira.

Nós, adultos e educadores, deveríamos conhecer um pouco mais a respeito da importância da atividade lúdica para o desenvolvimento infantil. Sabemos que o espírito age de acordo com o instrumento de que dispõe e que nos anos iniciais a criança ainda não tem desenvolvido plenamente o órgão da inteligência, estando aguardando que se lhe amadureça a razão (*O Livro dos Espíritos*, Q. 379 e 380).

Toda criança brinca. A princípio, os objetos a atraem e a convidam a mexer neles. Mas é na fase pré-escolar que a brincadeira como essa do Daniel irá predominar. Em psicologia dá-se o nome de "brinquedo com regras" a esse tipo de atividade

Mesmo que nós não percebamos, toda brincadeira tem regras. No caso citado, a regra é: pegue os pinos, cante e marque o ritmo batendo um contra o outro, acelerando ou retardando as batidas, conforme eu for cantando.

Há diferentes tipos de brincadeiras. Aqui vamos nos deter naquelas que são feitas coletivamente. Nessas, é comum haver situações ou papéis indesejados. Mas regra é regra: ou a criança as aceita ou está fora da brincadeira. Mas ela quer brincar porque isso lhe dá prazer. Então, terá que segurar o seu desejo de não fazer o que não gosta para seguir as regras. Pensemos, por exemplo, na brincadeira do pique, do chute ao gol, de casinha, de escola, de pular carniça... Do ponto de vista do desenvolvimento moral, há em todos eles um elemento valioso: a internalização e acatamento das regras.

O desejo da criança é o de desempenhar o melhor papel. Aquele momento em que é obrigada a fazer o que não gosta para continuar brincando – e sobretudo, para continuar sendo aceita pelo grupo – é extraordinário para o exercício do controle da vontade e da renúncia. Ali ela aprende a controlar as frustrações, algo muito importante no início da sua caminhada para a vida em sociedade.

É também a hora de colocar em prática o princípio da reciprocidade: eu faço para o outro e o outro faz para mim. É assim que funciona. E então, sem que se aperceba, a criança vai saindo do egoísmo para o altruísmo, o que representa razão de sobra para a deixarmos brincar.

Brincando a criança também se desenvolve intelectualmente. Isso ocorre principalmente nas brincadeiras que exijam que ela assuma papéis e viva, na imaginação, situações que estão aquém da sua idade. Por exemplo: ser a mãe, a professora, o guarda, o motorista do ônibus etc. Somente através da observação do comportamento desses personagens ela conseguirá imitá-los. Mas colocar-se no lugar do outro exige ir além do ponto onde se encontra. Representar o outro significa saber como ele agiria na situação proposta na brincadeira e isso é algo que vai além do seu próprio repertório. Ou seja, ao fazê-lo, está forçando o desenvolvimento intelectual e social para níveis mais elevados do que o real.

Também nos jogos com regras explícitas é possível se observar esse processo. Quando crianças de diferentes idades brincam juntas, as menores submetem-se às regras, esforçando-se por entendê-las. É claro que nem sempre conseguem se enquadrar no regulamento do jogo, sendo rechaçadas pelos demais. Mas elas continuam tentando e essa tentativa de jogar conforme as regras as fazem avançar intelectualmente. Ilustra bem esse fato o videogame de corrida de automóveis, no qual cada criança assume o papel de piloto. No início ela se atrapalha, mas o desejo de participar do jogo a leva a se concentrar no aprendizado das regras. Aos poucos, vai aprendendo. Ao mesmo tempo, ensina para os maiores a lição da tolerância com o próximo.

Por tudo isso, não temos dúvida em afirmar que brincar também faz bem ao espírito, "a infância tem outra utilidade. [...] é quando se pode reformar o seu caráter e reprimir seus maus pendores." (*O Livro dos Espíritos*, Q. 385).

Considerando que a brincadeira é, por excelência, um meio de aprendizagem da criança e que essa atividade, se bem orientada, pode conduzir ao desenvolvimento moral, aí estaria uma excelente maneira de se conseguir essa reforma de caráter e repressão dos maus pendores de que nos falam os benfeitores espirituais.

## Gentileza gera gentileza

Alguns carros na área do Grande Rio estão circulando com um adesivo no qual se lê: "Gentileza gera gentileza". Trata-se de uma campanha idealizada por dois empresários cariocas visando estimular os moradores a adotar atitudes mais gentis no cotidiano.
A frase/slogan da campanha, eu a ouvi do seu próprio criador, o profeta Gentileza, no início da década de 60, em Niterói. Naquela época, ia para o colégio de ônibus. Na altura do Ponto do Cem Réis, era comum vê-lo embarcar pela porta da frente, com um pequeno estandarte de papelão, todo escrito com palavras entremeadas de cruzes e estrelas, encimado por um ramalhete de flores improvisado. No início, usava roupas comuns, tendo apenas longas barbas e um ar estranho. Chegava e, despertando a atenção dos passageiros por sua figura singular, fazia sua pregação entrecortada de palavras de amor, bondade, respeito pelo

próximo e pela natureza. Os escritos do estandarte eram a confirmação do seu discurso. Palavras sintetizadas na frase que o consagrou: "Gentileza gera gentileza." Paradoxalmente, – é bom que se diga – também sabia ser enérgico quando via pessoas se comportando de modo contrário ao que pregava. Por mais de vinte anos circulou pelo Rio e por Niterói, com sua bata branca cheia de apliques e seu estandarte, como um arauto da não violência. Imortalizou-se, especialmente, através dos escritos que deixou gravados nos pilares no elevado da Avenida Perimetral, no Rio. Meditando no sentido da frase, percebemos a sua precisão. Quem é gentil com o outro angaria simpatia e recebe em troca, reações gentis. A gentileza desarma a agressão, ao mesmo tempo em que atrai boas vibrações espirituais. Coisas simples como cumprimentar o caixa no banco ou no supermercado, parar o carro para o pedestre passar, dar a vez ao outro no trânsito são formas de ser gentil e que não custam nada. Nossas cidades, onde estamos acorrentados pelo medo, precisam, sim, de mais gentileza, de mais cortesia de uns para com os outros. *O Evangelho segundo o Espiritismo* nos ensina que a afabilidade e a doçura são expressões da benevolência, sentimento que nasce do amor ao próximo. Precisamos, com urgência, mudar nossos padrões de conduta marcados pela agressão e desamor, substituindo-os pela afabilidade e por mais respeito para com o outro.

Porém, como em todo comportamento que se quer modificar, é preciso começar tomando consciência desse desejo. Depois, se esforçar para colocá-lo em prática – o que nem sempre é fácil, bem o sabemos.

Se pretendemos, de fato, a mudança, nada melhor do que começar na intimidade do lar, junto aos nossos entes queridos.

É importante enfatizar que gentileza também se aprende. Um dia desses, me encantei com um quadro que exemplifica bem o tema em questão. Encaminhava-me para um grupo espírita à hora da evangelização infantojuvenil, quando tive a minha atenção despertada por um pai com um filho que iam a minha frente. Em uma atitude de proteção, o pai o enlaçava pelos ombros enquanto conversavam. Notei que respondia a perguntas que o menino lhe fazia sobre temas espíritas (talvez alguma discussão que ficara pendente na aula da semana anterior). Havia tanto carinho e atenção naquele quadro, que refleti sobre o quão bom seria se as relações pai-filho fossem sempre assim.

A criança que observa os comportamentos gentis dos seus pais e educadores tende a assimilar esse tipo de comportamento. Com mais força essa assimilação se dará se o alvo desse cuidado, dessa cordialidade for ela própria. Ser gentil com a criança é, pois, uma excelente forma de transformá-la em uma pessoa também gentil. Ou seja, ela aprende por imitação.

Isso que todos nós sabemos na prática, foi estudado pelas neurociências e hoje se sabe o que há por trás dos comportamentos imitados. É que há, no cérebro, um grupo de neurônios – denominados neurônios-espelho – que são ativados quando a pessoa observa o comportamento alheio. Os estudos sugerem que o fenômeno acontece para que a pessoa que está na condição de observador compreenda as ações do outro, e até, suas intenções.

Mesmo que o ato não seja executado na prática, ele o é mentalmente.

Faço uma pausa aqui para revelar a minha enorme admiração por Emmanuel. Vejamos o que ele ditou a Francisco Cândido Xavier em 1958, em *Pensamento e Vida*: "As crianças confiadas na Terra ao nosso zelo são portadoras de aparelhagem cerebral completamente nova em sua estrutura orgânica, à feição de câmara fotográfica devidamente habilitada a recolher impressões. A objetiva, que na máquina dessa espécie é constituída por um sistema de lentes apropriadas, capazes de colher imagens corretas sobre recursos sensitivos, é representada na mente infantil por um espelho renovado em que se conjugam visão e observação, atenção e meditação por lentes da alma, absorvendo os reflexos das mentes que a rodeiam e fixando-os em si própria, como elementos básicos de conduta." A exatidão da informação só veio encontrar respaldo científico em 1996, quando foram descobertos os neurônios-espelhos. Realmente fantástico!

Portanto, se desejamos ajudar nossos filhos a crescer mais harmonizados consigo mesmos e com o próximo, lembremo-nos do nosso papel no fenômeno da imitação. Afinal, nós ignoramos as marcas trazidas pelas crianças que reencarnam ao nosso redor e, por isso, é sempre bom que semeemos desde cedo a amorosidade nas suas almas, mantendo a gentileza nas nossas interações.

# Caminhar junto

É, sem dúvida, muito bonita a forma como os Benfeitores Espirituais se referiram à missão do espírito protetor junto ao homem encarnado: "É a de um pai em relação aos filhos: conduzir seu protegido pelo bom caminho, ajudá-lo com seus conselhos, consolá-lo nas aflições e sustentar sua coragem nas provas da vida." (*O Livro dos Espíritos*, Q. 491) Querendo definir a missão dos espíritos protetores, acabaram por delinear o papel dos pais na vida dos filhos: guiar a criança na nova caminhada, dando--lhe esclarecimento, orientação, correção e apoio.

E mais: esforçar-se ao máximo para cumprir corretamente a sua missão.

Nessa empreitada, a família espírita sabe que pode contar com um grande aliado: o educador espírita. Chamado por uns dessa forma ou, por outros, de evangelizador, é um companheiro valioso na educação moral das crianças e jovens.

Educar o espírito ou evangelizar é receber um

manancial de bênçãos. Quando se leva a luz do conhecimento aos evangelizandos, o próprio caminho se ilumina. Por isso, é comum vermos tais educadores mais antigos agradecendo o privilégio de, um dia, ter estado ao lado de cada criança, de cada jovem, em algum ponto do caminho. Algumas vezes, ajudando-os a abrir a senda por onde eles continuariam a caminhar. Outras, apenas caminhando junto, vivendo a aventura da descoberta do saber ou simplesmente acolhendo. Educando os espíritos, se educaram.

Também nós, em uma curva da estrada que já se fazia longa, tivemos a grande surpresa: caminhar ao lado dos evangelizadores espíritas, essas criaturas dedicadas que se oferecem como colaboradoras do Mestre Jesus, levando amor e conhecimento às crianças e aos jovens. Ainda hoje com eles convivemos em cursos, oficinas, palestras e encontros.

Tantos anos ensinando e ainda não entendemos direito de onde vem essa onda prazerosa que chega devagarinho e que vai crescendo à medida que olhos atentos vão acompanhando nossos raciocínios, respondendo mentalmente às perguntas que fazemos, viajando conosco nas imagens que criamos, como a nos informar que andamos no rumo certo. Viria dos sorrisos e dos rostos felizes de quem se sente aprendendo? Dos abraços calorosos ao término do encontro? Ou do agradecimento emocionado e das palavras de incentivo ouvidas? Talvez. Mas vem, principalmente, da certeza de que nesse caminho somos acompanhados pelas crianças e jovens com os quais nos comprometemos; da certeza de que temos à frente o Mestre Jesus. Caminho alegre. Bem diferente do percorrido por um educador que, num ato de heroísmo, caminhou para o holocausto junto com os seus alunos: Janusz Korczak, a quem homenageamos nesta lembrança.

Nascido em 1878, Korczak foi um médico pediatra e pedagogo judeu. Dentre as muitas atividades que exerceu, foi diretor de dois orfanatos durante o período da Segunda Guerra Mundial. No último deles, com cerca de 200 crianças, viu no dia 5 de agosto de 1942, soldados nazistas chegarem e recolherem seus meninos levando-os para o campo de concentração de Treblinka. A Korczak foram dadas repetidas chances de escapar, mas ele se recusou a abandoná-los. Vestiu-os com suas melhores roupas, dando a cada uma um saquinho com um brinquedo ou o livro favorito e os acompanhou até a morte. Uma testemunha que sobreviveu ao extermínio fez um relato comovente do momento em que eles caminharam juntos para a câmara de gás: "O milagre aconteceu. Duzentas crianças sem chorar. Duzentas almas puras, condenadas à morte, não derramavam uma lágrima. Nenhuma delas tratava de fugir. Nenhuma tentava se esconder. Tragando sua dor, elas se aferravam a seu professor e mentor, a seu pai e irmão, Janusz Korczak, aquele que deveria protegê-las e preservá-las. Janusz Korczak marchava de cabeça erguida, sustentando a mão de um de seus meninos".

Eis aí um dos mais contundentes exemplos de coerência e compromisso com a causa da educação. A devoção aos seus pupilos, assim como aos próprios filhos, embora necessária, não é algo que se possa prescrever ao educador, mesmo a um educador de almas, ou aos pais. Caberá a cada um, saber encontrá-la dentro si mesmo.

## Três gerações sob o mesmo teto: novos desafios

Que a família está mudando, ninguém mais duvida. A cada dia somos surpreendidos com novos arranjos. Há lares chefiados somente pela mãe, ou exclusivamente pelo pai. Há aqueles que reúnem filhos de mais de um casamento. Há os que agrupam sob um mesmo teto três gerações: avós, filhos e netos. Há muito mais. É, porém, dessa última que iremos aqui tratar.

Essa é uma situação que só tende a se consolidar. O Censo de 2010 revelou que há 22 milhões de idosos no Brasil. A proporção de idosos está crescendo mais rápido que a de crianças. Na próxima década ela deverá dobrar. Um em cada quatro habitantes do nosso país terá, então, mais de 65 anos.

Significa dizer que na educação infantil há que se levar em conta essa nova perspectiva, de forma a se conviver de maneira harmônica e equilibrada com pessoas de idades e interesses diferentes. O desafio está lançado para todos. Nos lares espíritas, sob o farol da nossa doutrina e dos ensinamentos de Jesus, é provável que a tarefa seja realizada de forma natural, sem grandes conflitos. Não nos faltam exortações a esse respeito, como em Paulo,: "mas, se alguém não tem cuidado dos seus, principalmente, dos da sua família, negou a fé..." (I Timóteo, 5:8).

Lembro-me de ter tido na infância uma experiência extraordinária, em relação à convivência com idosos. Todos os anos, dona Antônia, uma antiga lavadeira da família, aportava na nossa casa para uma temporada de três ou quatro meses. Mal humorada, sofrida, chegada a achaques de dor de cabeça, mal se instalava e começava a mudar a rotina da casa. A partir das 10 horas, começava a rondar em torno da cozinheira, querendo almoçar mais cedo. Como não tinha dentes, precisava de comida especial. Resolvia os problemas de fígado tomando xícaras de chá preto, comprado especialmente para ela. Apesar de analfabeta, gostava de enviar cartas para os filhos distantes ou de ler o noticiário do jornal valendo-se da nossa ajuda. Nas horas em que se postava pensativa, fumava seu cigarro, pago com o dinheirinho que a minha mãe não lhe deixava faltar.

Trazia alterações, sem dúvida, mas todas as suas excentricidades eram acatadas pelos meus pais como naturais de alguém que já vivera tanto. Aprendemos a reverenciá-la, presenteando-a com nossa paciência e consideração.

Idosa, pobre, lavadeira, analfabeta... Tantos estigmas. No entanto, para nós, graças à generosidade dos nossos pais, apenas um ser humano merecedor de estima, admiração e respeito. Uma velha amiga que guardamos, com carinho, no fundo do peito.

Hoje em dia tem-se inventado muita coisa para tornar a vida dos idosos — ou das pessoas da terceira idade, como muitos preferem dizer – mais feliz. Penso que às vezes fica só mais movimentada, porque a gente nunca sabe como é que eles estão por dentro. Às vezes por detrás da fachada alegre há um mundo de tristeza e solidão.

Os legisladores fazem as leis, mas lei alguma é capaz de fazer um idoso ser amado pelo pessoal mais jovem da família, se o exemplo não vier do próprio lar.

É bom lembrar que estamos vivendo mais. Se não morrermos antes, idosos seremos todos nós. Ainda que tenhamos lazer, cuidados e atenção lá fora, talvez venhamos a nos ressentir da falta de afeto dentro de casa. Pensando nisto, acho bom começarmos a plantar agora as sementes do afeto no coração das crianças. Quem sabe, assim, não teremos jovens e adultos mais atenciosos e complacentes com os mais velhos.

Na atualidade, muitas famílias precisam deixar os filhos aos cuidados dos avós enquanto estão no trabalho. Alguns netos os tratam bem, aceitando-os como substitutos temporários dos pais. Outros, não. É para esses que deveriam se voltar as atenções. A criança tem uma forte tendência a fazer o que lhe dá prazer. Com isso, foge das regras e das obrigações. A fragilidade de uma pessoa mais velha pode lhe dar a ilusão de fraqueza moral. Daí para começar a não obedecê-la é um pulo. Cumpre, então, aos pais, dar o exemplo de respeito, admiração e, mais que isso, de gratidão aos pais ou de outras pessoas mais velhas que cuidam das suas crianças. Assim agindo, elas estarão mais aptas a se tornarem jovens mais amorosos com os idosos, capazes de respeitar, como nos diz Emmanuel, nos cabelos brancos dos que os precederam, "a branda claridade que a experiência acendeu para os lidadores da frente." (*Correio Fraterno*).

## Crianças espíritas

"É notável verificar que as crianças educadas nos princípios espíritas adquirem uma capacidade de raciocinar precoce, que as torna infinitamente mais fáceis de serem conduzidas. [...] Isso não as priva da natural alegria, nem da jovialidade. Todavia, não existe nelas essa turbulência, essa teimosia, esses caprichos que tornam tantas outras insuportáveis. Pelo contrário, revela um fundo de docilidade, de ternura e respeito filiais que as leva a obedecer sem esforço e as faz responsáveis nos estudos. Foi o que pudemos notar, e essa observação é geralmente confirmada." Essas palavras são de Kardec ao retratar as impressões da viagem que empreendera pelo interior da França em 1862, a serviço do espiritismo. *(Viagem espírita em 1862 e outras viagens de Kardec.* As crianças das famílias espíritas o encantaram. Ele, que já trilhara os caminhos educacionais, sabia reconhecer os efeitos de uma boa educação sobre o comportamento infantil. Daí a relevância da sua observação.

Analisando a fala do codificador, fica claro que ele considerava aquelas crianças diferentes porque seus pais a educavam com base nos ensinamentos espíritas. O fato de estarem convencidos da existência do mundo espiritual, da reencarnação e da lei de ação e reação, além de confiarem na justiça divina, dava-lhes uma diretriz para a educação dos filhos completamente distinta da existente até então. É provável que elas tivessem uma clareza maior do significado da existência terrena.

Ainda hoje, essa deveria ser a diretriz da formação das crianças nos lares espíritas: educá-las para entender o sentido da vida à luz da Doutrina Espírita. Eu mesma me beneficiei desse tipo de educação quando era criança. Lembro-me da minha mãe explicando os princípios da imortalidade da alma, falando sobre a reencarnação e do alívio que senti ao entender que depois da morte há sempre vida. Cresci ouvindo-a dizer que Deus é justo e que ninguém passa por aquilo que não merece.

No tempo de Kardec, a tarefa de educar a criança com base no Espiritismo era exclusivamente dos pais. Hoje é diferente. Tudo ficou mais fácil. Os grupos espíritas disponibilizam uma série de atividades voltadas para a família. Destacamos as orientações para a implantação do Culto do Evangelho no Lar e o oferecimento da Evangelização da Família, com foco na educação espírita/evangelização infantojuvenil como duas das mais importantes.

O Culto é a presença de Deus a penetrar e a se espalhar

pela casa, ajudando na harmonização familiar, afastando as más influências. É um bálsamo para o lar. E a evangelização é luz que se acende nos espíritos que retornam, clareando a senda por onde eles hão de passar. Oferecer o ensinamento doutrinário à criança, levando-a para o ambiente da Casa Espírita desde cedo é uma maneira de mantê-la sintonizada com boas vibrações, enquanto absorve valores morais básicos para a sua evolução espiritual.

Observa-se nos departamentos de educação espírita um esforço para qualificar suas equipes. Há uma preocupação em levar o educador espírita a ter maior consciência do seu papel. Este, além de contar com material produzido pela Federação Espírita Brasileira, ainda pode ter acesso a inúmeros *sites* dedicados à evangelização espírita. Cursos de formação e atualização já fazem parte das programações anuais de inúmeras instituições espíritas nas suas diferentes esferas. Até mesmo cursos *on line* já estão sendo oferecidos na internet.

Se o encaminhamento de crianças e jovens para participar de atividades programadas pelas Casas Espíritas já é uma realidade para muitos, o mesmo não se pode dizer dos adultos. Quantos vão até a porta, deixam a criança e voltam, sem se darem conta de que poderiam ficar e aprender um pouco mais sobre a Doutrina Espírita e o Evangelho de Jesus! Quantas propostas de evangelização da família poderiam se enriquecer com um maior número de participantes! E quantos pais ou responsáveis sairiam mais qualificados para conversar com suas crianças a respeito do que elas aprendem na casa espírita! É de se lamentar, mas a verdade é que ainda é pequeno o número de Instituições que conseguiram implantar e manter os círculos de pais e responsáveis.

A proposta evangelizar a constelação familiar de forma integrada vem ganhando corpo em todo o Brasil. Trata-se, na verdade, de uma proposição que tem suas raízes na própria concepção de Kardec sobre o papel da família na educação das crianças sob a ótica espírita. Seu objetivo é ajudar os pais a compreender sua responsabilidade na evolução espiritual dos filhos, dando-lhes elementos para melhor os dirigirem para a senda do bem. "Instruí o menino no caminho em que deve andar, e até quando envelhecer não se desviará dele.", diz o preceito bíblico (*Bíblia Sagrada, Provérbios, 22:6*).

Mas isso não é tudo. A família que se reúne sobre o teto de um templo espírita haure, do ambiente espiritual que ali existe, as mesmas vibrações de paz e harmonia, vibrações essas que se estendem pelo lar adentro. Algo que vale a pena conhecer para desfrutar.

# Tocar a sensibilidade da criança

Há situações na vida plenas de ensinamentos, mas nem todos têm a capacidade para percebê-las. Penso nisto quando observo pais ou educadores deixando passar excelentes oportunidades de ensinar a seus filhos valores importantes para a sua formação moral, como no exemplo que me foi narrado recentemente.

Certa senhora habituada a olhar com carinho para pessoas com dificuldades financeiras, costumava, próximo ao Natal, fazer visitas a famílias pobres, nos arredores da sua cidade. Sua chegada era prenúncio de alegria, pois as crianças já contavam com os presentes que dela receberiam. Ia discretamente, evitando chamar atenção para o seu gesto.

Houve um ano, porém, que sentiu que era hora de mudar de atitude. Um dos seus netos – um menino de dez anos – estava se tornando, a seu ver, arrogante e orgulhoso. Acostumado a uma vida de luxo, jamais poderia imaginar a triste realidade em que vive grande parte da população brasileira. Na sua estreita visão, o mundo se resumia ao seu condomínio, à sua bela casa com piscina, ao seu quarto com computador, aparelhos de som e TV. Mesmo assim reclamava de tudo. Vivia insatisfeito, sempre querendo mais e mais: coisas e atenção.

Vendo-o tão mimado, a avó não teve dúvidas. Aprontou-se para as visitas de sempre, passando antes pela casa da sua filha. Queria convidar o menino para acompanhá-la. Mesmo sabendo que iriam a um lugar de muita pobreza, ele aceitou, sem muito entusiasmo. Aproveitando o ensejo, a senhora ainda pediu à filha que lhe desse um colchãozinho de bebê que estava encostado e umas roupinhas usadas.

Pelo caminho, foi explicando ao neto quem seriam as pessoas visitadas. Falou-lhe das vidas de lutas que levavam, das dificuldades materiais, acrescentando que, naqueles pacotes que levavam, havia brinquedos para as crianças. Ao se aproximarem da primeira casa, entregou os presentes ao neto para que ele pudesse sentir a alegria que resulta do ato de doar. Ao seu lado, ela carregava o colchãozinho.

Entraram ambos no casebre e se depararam com um bebê que dormia sobre uns trapinhos, ao lado do fogão. "O colchão viria a calhar", pensou o menino, passando os olhos pelos três únicos cômodos que compunham a casa. Sua atenção ainda foi despertada para um canal com esgoto a céu aberto que por ali passava.

A pedido da avó, a mãe visitada discorreu sobre as

dificuldades da vida que levavam, apesar de trabalharem duro.

Terminada a visita, o menino saiu com um olhar pensativo. No caminho, comentou com a avó que o seu quarto de dormir era maior do que aquela casa. E depois de um longo silêncio, disse decidido: " — Vó, eu vou querer fazer isso mais vezes com você".

A avó sorriu e elevou um agradecimento silencioso a Deus. A oportunidade havia sido bem aproveitada. O menino fora tocado em sua sensibilidade!

Aqui está, seguramente, um momento em que a própria situação vivida concorreu para tocar o coração da criança. A sensibilidade que ela traz em potencial aflorou diante dos quadros observados.

Se quisermos que nossos filhos sejam pessoas sensíveis à dor alheia, é preciso que lhes ofereçamos ensejos para esse despertar. De nada adianta deixá-los encastelados em seus mundinhos e esperar que sejam altruístas e compassivos. É preciso que tomemos a iniciativa de lhes mostrar a dor do próximo, da mesma forma como fazia aquela senhora rica, de que nos fala Kardec em *O Evangelho segundo o Espiritismo* (cap. XIII), que se fazia acompanhar da filha mocinha nas visitas que fazia aos lares pobres. Assim agia para que ela pudesse aprender a praticar a beneficência.

Temo visto, de forma cada vez mais crescente, a sociedade brasileira se mobilizar para prestar ajuda a pessoas atingidas por tragédias. Não tenhamos dúvidas de que, uma criança, ao observar sua mãe abrindo os armários e se desfazendo de roupas e mantimentos em favor do próximo, estará sendo estimulada para agir da mesma forma.

O bom seria que não esperássemos pelas catástrofes para sermos caridosos. O nosso desenvolvimento espiritual e o dos nossos filhos se favorece todas as vezes em que exercitamos a caridade. Façamos, pois, da ação no bem, uma prática cotidiana em nossas vidas e estejamos atentos, oferecendo aos nossos filhos meios para que possam evoluir espiritualmente. Esse é, também, o nosso papel.

## No caminho do bem

Manoela, menina de sete anos, vê a mãe chegar mais cedo do trabalho com uma fortíssima dor de dente que a leva, queixosa, para a cama. A menina se inquieta ao perceber o seu sofrimento. Então, retira-se para um canto e quando volta, traz um desenho de uma mulher com roupas bonitas. Em cima, a frase: "Oro para você melhorar". Vai até o quarto da mãezinha, entregando-lhe o desenho e, comovida por seu sofrimento, pergunta: "Você quer que eu te dê um passe?". Ela consente. A partir daí, tendo a avó ao seu lado, em prece, a menina, extremamente compenetrada, aplica, dentro das suas limitações, um passe na mãe que sofre.

Eis um caso que merece a nossa atenção: uma criança demonstrando que está aprendendo as lições do Evangelho que lhe estão sendo passadas, tanto no lar quanto na casa espírita. Não importa se o passe foi dado de acordo com as técnicas, ou não. O que se destaca desse episódio é a sua intenção de usar um recurso terapêutico espírita para aliviar o sofrimento da sua mãe, por amor. Manoela não é só mais uma criança da evangelização. Seu comportamento e seu entusiasmo pela "Escolinha de Jesus" – como ela chama os encontros semanais de educação espírita – a configura como uma evangelizanda especial. É assídua, pontual e participante. Em casa, acompanha o Culto do Evangelho no Lar e se mostra sempre preocupada em fazer preces por necessitados. No dia em que completou sete anos presenteou a família com um livrinho escrito e ilustrado por ela própria, com pequenas narrativas do seu dia a dia. Chamou-nos a atenção a sua sensibilidade ao lermos a historinha: "O cachorro de Luzia." Nela, conta que foram visitar uma amiga em cuja casa havia um cachorro e que o animal não quis entrar na sua casinha, sendo, então, maltratado por sua dona. "Luzia jogou o cachorro na casinha", escreve a menina. "Coitadinho. Ele também é filho de Deus". Lição aprendida: amar os animais.

Não é novidade para ninguém a força dos exemplos na aprendizagem. Mais do que as palavras, são eles que incitam nossos comportamentos. Poderíamos, assim, dizer que Manoela é fruto da educação e dos exemplos que lhe são passados. Mas sabemos, também, que trazemos tendências inatas no nosso psiquismo: "Desde pequenina, a criança manifesta os instintos bons ou maus que traz da sua existência anterior." (Santo Agostinho em: *O Evangelho segundo o Espiritismo*, cap. 14). Tudo indica que a nossa garotinha seja um espírito portador de certos valores positivos e que a família que a recebeu seja o solo fértil a lhe propiciar o desenvolvimento das suas potências espirituais e corrigir suas más inclinações – como todos nós, ela também as tem.

De fato, sua família está sempre aproveitando os mais variados ensejos para lhe ensinar as virtudes cristãs, ao mesmo tempo em que a fez se aproximar do Centro Espírita e exercitar a prática da oração.

Os pais não sabem o nível de adiantamento espiritual dos filhos que renasceram por seu intermédio. Ignoram as ligações que eles deixaram na retaguarda. Mas, como nos diz Kardec, na questão 385 de *O Livro dos Espíritos*, por volta dos quinze anos seus espíritos irão se manifestar com seu caráter real e individual e ressurgir com toda a sua nudez. Nessa hora, então, essas ligações poderão se mostrar de forma inequívoca. Se o espírito reencarnado deixou bons amigos, estes estarão, mais do que nunca, ao seu lado, vibrando pelo seu adiantamento moral. Mas, e se deixou inimigos? O que poderá acontecer? Será que eles entrarão forçosamente na sua sintonia? Sabemos que isso irá depender do que foi feito em prol desse espírito durante o período assinalado pelo codificador: até aproximadamente os vinte anos.

Ao assumirem o compromisso de encaminhar os filhos para a senda do bem, ao corrigir os seus erros e guiá-los por estradas retas, os pais estão ajudando esses espíritos a imprimir vibrações diferentes das que carregavam antes de reencarnarem. Assim, é imperioso estar atento a tudo o que puder ajudar na evolução espiritual dos filhos. Gestos simples de amor ao próximo, práticas positivas e enriquecedoras da alma são excelentes oportunidades para lhes ensinar, através do exemplo, como se tornar uma pessoa generosa, como ser melhor para melhor servir.

Os pais cuidadosos certamente terão a alegria de constatar que, se porventura recebeu um espírito com inimigos na retaguarda, este, ao adentrar a juventude, terá vibrações tão positivas e diferentes das dos ex-companheiros, que eles já não mais poderão alcançá-lo. Tais pais terão cumprido o seu compromisso junto ao Senhor da Vida.

# A adolescência sob um novo olhar

Susto. Essa é a primeira reação dos pais ao se depararem com mudanças radicais no comportamento de seus filhos que ingressam na adolescência. Muitos reagem, não querendo aceitar o fato de que a sua criança cresceu. Olham, perplexos, para as transformações, tentando entender onde foi que falharam.

Por que ela agora encaixotou todas as bonecas e brinquedos de casinha, antes tão amados, trocando-os por revistas de celebridades, com mocinhas vestidas de preto, com botas longas e olhares desafiadores? Por que ele desmontou a cama, colocou o colchão no chão e cobriu as paredes com pôsteres de banda de rock? Por que eles se trancam o dia inteiro no quarto? Por que têm prazer em vestir aquela roupa esfarrapada, em pintar o cabelo de vermelho ou em cobrir a orelha com brincos e *piercings*? Por que contra-argumentam toda e qualquer ordem? Os porquês se multiplicam a fervilhar na cabeça dos pais que, a essa hora, já estão desesperados, sem saber o que fazer, que medidas tomar. Para eles é como se fossem dormir achando que está tudo sob controle com a prole e acordar com um ET dentro de casa. Tudo parece muito estranho.

Com um pouco de paciência e boa vontade, muita informação e, por vezes, uma ajuda profissional, é possível enfrentar a crise até que passe. Certamente ela passará. Basta que nos lembremos de nós próprios, nessa fase.

Até bem pouco tempo, pensava-se que tais mudanças eram devidas à entrada em cena dos hormônios da sexualidade, visíveis nas alterações corporais. Hoje, com o avanço das neurociências, sabe-se que tais hormônios têm um papel limitado. Na verdade, é o cérebro o principal responsável pela reviravolta comportamental dos meninos e meninas saídos da puberdade.

Tentando traduzir em uma linguagem simples o que ocorre no cérebro, diríamos que ele começa a passar por duas grandes transformações: uma na sua própria estrutura. E outra no chamado sistema de recompensa.

Para darmos uma rápida noção dessas transformações é preciso abordar, primeiro, o que se passa nas redes de neurônios. Na chegada da puberdade milhares de conexões são descartadas por desuso, possibilitando a formação de novas conexões. Dizem os neurocientistas: perde-se em quantidade, mas ganha-se em qualidade. As conexões neuronais, responsáveis por transmitir informações dentro do cérebro, passam a ser mais ricas e complexas, ao mesmo tempo em que se tornam mais velozes. Quer um exemplo? Experimente contrariar um desejo de um adolescente e verá com que presteza ele arrola uma série de argumentos a seu próprio favor. Tamanha capacidade de argumentação lógica causa espanto a quem estava acostumado a ver a criança sucumbir aos raciocínios paternos.

Outra mudança de vulto se passa no sistema de recompensa do cérebro. Para facilitar a compreensão sobre o que vem a ser esse sistema, tomemos o seguinte exemplo: dois meninos com cerca de oito, nove anos estão jogando bola em um parque. Eles se revezam nos papéis de goleador e goleiro. Por eles, passariam o dia todo naquela brincadeira. Chutar e fazer gol é puro prazer. Por quê? Porque nessa hora entra em cena o sistema de recompensa, uma área do cérebro que contém células que liberam dopamina, uma substância responsável pela sensação de prazer, e outras, que contêm os receptores para essa substância. São os chamados "receptores de prazer". A sensação é tão boa, que os meninos querem fazer de novo, e de novo, numa repetição sem fim.

Acontece, porém, que à medida que a idade avança, diminui o número dos receptores de prazer (perde-se de um terço à metade desses receptores entre o final da infância e a idade adulta). Como consequência, aquilo que dava prazer passa a não dar mais. Agora é preciso encontrar estímulos novos e emoções fortes para que a dopamina seja liberada. Vem, então, o momento de "encaixotar" as coisas de criança e partir para as experimentações em busca da sensação de prazer. Muito cedo o adolescente percebe que o que dá prazer é o excitante, o desafiador, é aquilo que o leva a correr riscos. Sai, então para aventuras em busca desse prazer. Aos olhos adultos falta-lhe juízo. No entanto, o convívio com adolescentes nos mostra que nem todos sentem tais necessidades. Alguns até conseguem passar por esse período sem grandes crises. Para os neurocientistas isso pode ser explicado pela genética. Sob a ótica da Doutrina Espírita entendemos que tais variações ocorrem por conta da evolução espiritual de cada um. Espíritos com cérebros mais comprometidos provavelmente terão dificuldades no momento das perdas dos receptores de prazer. Serão aqueles jovens mais entediados e mais inclinados a correr riscos. Para se entender melhor este processo, é bom que se tenha em mente que por trás de todos os desequilíbrios mentais permanecem as perturbações da individualidade que se transviou dos caminhos da evolução moral. Os males físicos que infringimos ao corpo físico, bem como os desvios morais nos quais nos excedemos deixam marcas no perispírito. Essas marcas impedem-no, no momento de formar um novo corpo, de manter o equilíbrio e a harmonia na área afetada. Se em uma vida passada a pessoa danificou, por exemplo, o seu cérebro, ao renascer em outro corpo deverá ter problemas nesse órgão em virtude dos desequilíbrios perispirituais ali existentes.

Preocupa-nos saber que jovens que se enquadram nesse caso e que, portanto, estão sujeitos a se voltarem para os vícios, podem entrar na sintonia de espíritos que mantêm este mesmo padrão. A não ser que tenham uma força de vontade poderosa e muita ajuda dos dois planos da vida, poderão ser arrastados para o uso de entorpecentes, manifestando desvios comportamentais.

Em qualquer situação está reservada aos pais e educadores a tarefa de emprestar o cérebro para os jovens enquanto o juízo não vem. Cabe a eles orientá-los como verdadeiros anjos da guarda.

## O perigo do primeiro gole

Vigário Geral, no Rio de Janeiro, entrou para o imaginário popular em virtude de uma grande chacina ocorrida em 1993. Para mim, porém, foi o palco de muitas experiências vividas junto a amigos queridos e das crianças da evangelização do Centro Espírita Mateus Apóstolo. Durante dois anos lá estive, semanalmente, sempre atenta à movimentação das pessoas nas ruas e nas casas.

Um sábado, por volta do meio-dia, caminhando por suas ruelas, me deparei com uma garotinha de, no máximo, três anos. Vestidinho curto, bonito e um imenso par de óculos escuros, de armação branca chamaram a minha atenção. Vi que rodava para um lado e para o outro, balançando a cabeça, um tanto desequilibrada. Achei que dançava. Diminuí os passos para melhor apreciá-la, quando notei, na soleira da porta da casa em frente, um moço sentado. Diante dele, um banquinho onde havia uma garrafa de cerveja e dois copos. De início, não entendi o que se passava, mas ele foi ágil em me esclarecer. "Tá gostando? Ela é mesmo uma gracinha. Adora uma cerveja. Este já é o segundo copo. Tá tontinha. Olhe só como ela roda." Não podia acreditar. Mostrando interesse, perguntei se era sua filha, o que ele me confirmou. Prendi a respiração, tentei não demonstrar o que estava sentindo e segui em frente carregando uma enorme amargura e um profundo sentimento de impotência. Pobre pai. Triste futuro para a menina.

Neste episódio chama a atenção o fato de se tratar de uma criança indefesa diante de um pai irresponsável. Mas se abstrairmos o fator idade, veremos que a cena não é tão inusitada assim. Em reuniões familiares ou mesmo em rodas de bar junto aos amigos, não é raro vermos pais oferecendo uma "provinha" de bebida a filhos pequenos. Quantos chegam mesmo a mergulhar a chupeta na bebida alcoólica e levar à boca da criança? "O que é que tem?", perguntam. E se justificam: "É só um tiquinho. Não vai fazer mal algum." Será?

Os malefícios advindos do uso do álcool são tão incontestáveis que a nossa legislação proíbe sua venda a menores de idade. Mesmo assim é muito alto o número de jovens que o consomem. E o que é pior: a idade em que eles iniciam o uso tem sido cada vez menor, o que aumenta o risco de uma futura dependência.

Estudos científicos feitos com adolescentes comprovam a associação entre o uso de álcool e uma série de comportamentos de risco. Flavio Pechansky e sua equipe, do Centro de Pesquisa em Álcool e Drogas, da Universidade Federal do Rio Grande do Sul, por exemplo, mostraram que nessa população o uso de álcool está fortemente associado à morte violenta, ao envolvimento em acidentes, à violência sexual e à participação em gangues. Comprovaram, ainda, que este hábito leva a dificuldades de aprendizagem e consequente queda do desempenho escolar. E a explicação é que o consumo de álcool causa modificações neuroquímicas, com prejuízos na memória, no aprendizado e no controle dos impulsos.

Não pensemos que os jovens ignoram os perigos do álcool. A pesquisadora Sinara de Lima Souza da Escola de Enfermagem de Ribeirão Preto da (USP), ao entrevistar jovens sobre este problema, descobriu que eles reconhecem os efeitos negativos do álcool na vida social. Sabem que a bebida alcoólica os deixam mais ousados e vulneráveis a se envolverem em casos sérios de violência. Relatam ainda suas dificuldades escolares e admitem que podem chegar, até mesmo, à evasão escolar. Segundo afirma, a insistência do adolescente em usar álcool deriva do sentimento de pertencimento ao mundo adulto que decorre deste uso. Por isso, não se colocam como vítimas.

Mesmo sabendo dos aspectos negativos do uso de bebidas alcoólicas, sobretudo na adolescência, muitos adultos fazem vista grossa a esse respeito, como se fosse um mal menor.

Nós, espíritas, temos conhecimento de que muitos espíritos fracassaram em vidas anteriores justamente pelo vício do álcool. A Doutrina Espírita nos ensina que nossos desequilíbrios ficam marcados no perispírito e que uma nova encarnação é oportunidade para ajustamentos necessários.

Imaginemos, então, o que acontece quando oferecemos

o primeiro gole a um filho que recebemos em nosso lar e que traz, no seu perispírito, essas marcas. Ainda que seja no ambiente doméstico, cercado de cuidados, sem intenção de viciá-lo, este primeiro gole pode ser a tomada que irá plugá-lo ao desequilíbrio do passado. Então, ao invés da correção que poderia vir na convivência em um lar harmonioso, este espírito encontra estímulo para a reinstalação do antigo vício. Aquele primeiro gole inocente pode pôr em risco todo um projeto de vida elaborado antes do seu retorno aos palcos terrenos. Se assim for, não tenhamos dúvidas de que a responsabilidade será debitada na conta de quem o introduziu no universo da bebida alcoólica. "Se este vier a sucumbir por culpa dos pais, sofrerão os genitores as consequências dessa queda, recaindo sobre eles os sofrimentos do filho na vida futura, por não terem feito tudo quanto deles dependia para que o filho avançasse na estrada do bem." (*O Livro dos Espíritos*, Q. 582).

Reflitamos, pois, sobre isso, antes de oferecermos o primeiro gole. E não hesitemos em denunciar ao Conselho Tutelar, para as providências de correção familiar, situações como a que testemunhamos em Vigário Geral.

# A lição que vem das crianças

Vitória tem dez anos. É ótima aluna. Um dia, voltando da escola, viu uma moça varrendo a calçada com uma mangueira, gastando água em profusão. Diante de tanto desperdício, a menina não deixou passar sem falar. Dirigindo-se a ela, questionou: "Por que a senhora não usa uma vassoura? Gasta menos água." Mesmo correndo o risco de receber uma resposta áspera, a menina fez a sua parte.

É com satisfação que percebemos o surgimento de uma geração de meninos e meninas mais conscientes quanto às questões relativas à preservação ambiental. Em função do que aprendem na escola, crianças como Vitória já estão alertas para os absurdos cometidos por aqueles que ainda não se deram conta da necessidade de preservarmos o planeta para que possamos garantir o futuro das novas gerações.

Para os espíritas, essa questão ganha certa concretude, pois o princípio da reencarnação nos assegura que, muito provavelmente, as novas gerações serão constituídas também por nós próprios, em novos corpos. Todos os dias somos informados sobre as evidências do aquecimento global. Algumas previsões catastróficas para as próximas décadas já começam a se manifestar. O degelo das calotas polares, com consequentes mudanças climáticas que afetam a vida animal a ponto de ameaçar algumas espécies de extinção, é uma realidade. Tempestades tropicais intensas causam enchentes que estão devastando amplas áreas e ceifando vidas. Inúmeros países já lutam contra a escassez de água potável e de alimentos. Tudo isso traz angústia, incertezas e muito sofrimento para suas vítimas mais diretas.

Qual é a nossa reação diante desses fatos? Será que estamos conscientes da nossa responsabilidade? Ou será que assistimos a tudo isso com certa insensibilidade, pensando: "Graças a Deus, essa tragédia não é aqui. Estou seguro e minha família também."? Esquecemo-nos, com frequência, de duas coisas. Primeiro: qualquer ser humano que seja atingido por uma catástrofe é meu irmão. É uma criatura de Deus e, por isso, eu não poderia estar alheio a sua dor. Segundo: deveríamos usar os recursos planetários de forma tão equilibrada, que aqueles que nos sucedessem pudessem, igualmente, desfrutar de tudo como nós o fizemos (leis de conservação e de sociedade, segundo Kardec).

Alegra-nos saber que já há muita gente preocupada com essa questão. Exemplos estimuladores não nos faltam. Trago, aqui, um que vivenciamos numa viagem a Fernando de Noronha.

Assim que chegamos, fomos informados de que ali a preservação ambiental era levada a sério e nenhum lixo tolerado. Na manhã seguinte, acordamos cedo e, durante todo o dia, percorremos parte da ilha. À noite, fomos assistir a uma palestra de uma bióloga do Projeto Tamar sobre as tartarugas marinhas. Para surpresa de todos, antes de começar, ela tirou do bolso um saquinho de plástico pouco maior do que uma caixa de fósforos e, segurando-o bem alto, perguntou: "Quem foi que perdeu isso durante o passeio?" A pergunta nos pegara de surpresa. Seu objetivo era nos mostrar que a advertência da chegada era para valer. A partir de então, verificamos que todas as pessoas passaram a coletar tudo o que pudesse ser transformado em lixo, descartando-o nos locais apropriados. Cuidados também foram vistos na praia, no momento da eclosão dos ovos das tartarugas – um espetáculo inesquecível –, nas visitas às piscinas de corais, na conservação das plantas e no trato entre as pessoas. Saímos de lá com a sensação de termos conhecido o paraíso por uns dias.

Há pequenos hábitos e atitudes simples que poderíamos adotar a fim de fazermos nossa parte na preservação do meio ambiente. Cuidados com os gastos energéticos, com os recursos hídricos, atenção ao desperdício de alimentos e moderação no nosso impulso consumista. Mesmo que usemos o argumento de que doamos o que temos, vale lembrar que tudo o que é produzido consome matéria--prima e energia – ambos limitados. Nós hoje já estamos consumindo 20% a mais do que a capacidade de recomposição do planeta. Mas podemos ajudar com gestos simples. Exemplo: se um milhão de pessoas fechassem suas torneiras apenas nos minutos em que escovam os dentes, durante um mês, a economia de água produzida estaria próxima da quantidade que cai das cataratas do Iguaçu no intervalo de doze minutos. Especificamente em relação aos Centros Espíritas, André Trigueiro – incansável batalhador das causas ecológicas – apresenta uma série de sugestões de atitudes em favor do uso inteligente dos recursos naturais no livro *Espiritismo e Ecologia*. Uma leitura que todo espírita deveria fazer.

Façamos, pois, do cuidado com a Terra uma bandeira para as nossas vidas. Lembremo-nos de conversar com as crianças sobre a educação ambiental. Nos encontros da evangelização, incluamos esse tema como um tópico importante na programação anual, conectado ao saber espírita-cristão. É o mínimo que poderemos fazer pela preservação da vida no planeta.

# Ninguém vive sem limites

Impossível viver nos dias atuais e não se dar conta da falência das nossas instituições políticas e sociais. A franca contradição existente entre os desmandos e desacertos a que estamos assistindo e a concepção espírita de que, como humanidade, rumamos para a perfeição, talvez esteja causando perplexidade e descrença entre muitos que se deixam influenciar pelo noticiário negativo.

Espíritas acostumados à leitura de páginas edificantes, já nos deparamos com uma infinidade de metáforas que nos conclamam a refletir sobre a pureza. Ora é a fonte que não se contamina com os detritos que lhe estão à volta, ora o lírio que resplandece no charco ou a gota de orvalho que não perde seu brilho nem deixa de molhar a terra poeirenta. São respostas da vida mostrando-nos que, apesar das circunstâncias que a envolvem, a pureza traz em si a força para superá-las, oferecendo-nos o que ela tem de melhor.

Essas imagens me remetem às crianças, símbolo por excelência da pureza. Esses homens e mulheres que tanto nos decepcionam hoje, também foram crianças. O que os leva a agir de forma tão antiética, acumulando vantagens para si, em detrimento do bem coletivo? Por que se deixam corromper pelo ganho fácil? Por que abusam do poder? Que lições receberam dos seus pais e educadores? Que valores e que exemplos lhes foram passados? Emmanuel nos oferece a resposta. Diz ele, na lição 157, do livro *Fonte viva*: "Lembremo-nos da nutrição espiritual dos meninos, através de nossas atitudes e exemplos, avisos e correções, em tempo oportuno, de vez que desamparar moralmente a criança, nas tarefas de hoje, será condená-la ao menosprezo de si mesma, nos serviços de que se responsabilizará amanhã." Atitudes e exemplos são, conforme afirma, elementos que irão alimentar espiritualmente as crianças.

A convicção de que podemos construir um mundo melhor é, sem dúvida, a bússola que dá o norte para os encarregados de educar a criança de hoje. Com essa certeza a apontar o caminho, fica mais fácil pavimentar, dia a dia, a estrada que irá conduzi-la para uma sociedade mais digna e mais solidária. É a atitude ética, correta e sã, aliada aos bons exemplos, que a ajudarão a mapear em seu cérebro e a guardar no seu coração as sementes do bem que irão frutificar no futuro. E isso é obra que se faz com firme intenção. É tarefa de pais conscientes e responsáveis.

Emmanuel se refere, ainda, a "avisos e correções, em tempo oportuno". Ou seja, sugere que não basta, apenas, aos pais e educadores darem o exemplo e agirem corretamente diante da criança. Para o seu crescimento espiritual é necessário que a cerquem de cuidados, dando-lhes avisos e providenciando correções diante de seus erros. Talvez aí resida o grande desafio, porquanto dar exemplos, avisos e agir corretamente diante da criança coloca-a numa posição passiva, mas frear seus impulsos e coibir seus erros envolve-a de uma forma muito mais profunda. Cria problemas, gera embates, estressa. Mas, enfrentá-los hoje é uma maneira de se chegar a um amanhã mais equilibrado.

Não precisamos ser juristas ou cientistas sociais para percebermos que a impunidade é um dos responsáveis pela crise ética que o país atravessa. A certeza de que não há nenhuma punição para o erro só faz aumentar o número daqueles que agem em prejuízo do próximo e da sociedade.

Não é difícil fazer uma ponte entre esse quadro de impunidade e o que se passa na educação das crianças que também não são penalizadas por suas faltas. No entanto, quem educa sabe que, às vezes, é necessário punir com castigos. Em outras, é hora de ensinar ao filho a ter limites nas suas ambições, a medir consequências, a seguir regras.

Para muitos pais, situações conflituosas são difíceis de administrar. Preferem contorná-las fechando os olhos ao que se passa. Muitos teóricos da psicologia do desenvolvimento são unânimes em dizer que a forma mais fácil de se encontrar uma saída para tais situações é enfrentá-la, ponderadamente, por meio do diálogo. Nem ceder aos caprichos nem oprimir, tentando achar o meio-termo, é o que sugerem. Sob o olhar da Doutrina Espírita, diríamos que o importante é não se perder de vista que há ali um espírito que chegou àquela família para ser auxiliado na sua jornada evolutiva.

Saber tolerar a frustração, renunciar em favor do próximo ou adiar o prazer são aprendizagens que deveriam ser feitas pela criança, ainda que causasse certo desconforto aos pais. E, para aqueles que ainda se sentem inseguros quanto a isso, trazemos as palavras de Emmanuel em *Vinha de luz:* "A sede de ternura palpita em todos os seres, contudo, não se deve olvidar o trabalho que enrijece as energias comuns, a responsabilidade que define a posição justa e o esforço próprio que enobrece o caminho."

Os pais que são realmente amorosos, preocupados com a evolução espiritual e o ajustamento emocional de seu filho, sabem a importância dessas aquisições. E tudo fica mais fácil quando a família compreende que, amparando moralmente a criança nas tarefas de hoje, estará ajudando-a a se tornar um adulto mais ético nas tarefas pelas quais se responsabilizará amanhã. Assim, diante do triste cenário que se apresenta hoje à sua vista, ela poderá sonhar em ter, no futuro, uma sociedade mais cristianizada.

A título de reforço, sugerimos a leitura da história de Maurício, narrada pelo Irmão X, em *Luz no lar*. Sob o título de "Álbum materno", o espírito narra as funestas consequências da relação de um filho voluntarioso com sua mãe complacente. Depois de ceder a todos os caprichos de seu filho, sofre a desilusão de vê-lo tornar-se um criminoso. Uma leitura que faz pensar!

# Tirar da redoma

Que a criança pequena precisa de proteção e amparo ninguém duvida. Protegê-la das ameaças do mundo é dever dos pais. Mas até que ponto deve ir esse cuidado? Quando é que ela deve sair da redoma?

Em função das minhas atividades no Movimento Espírita, em especial, as voltadas para a educação, estou com frequência, trocando informações com pais e mães nos encontros que promovemos. Dia desses fui procurada por uma delas que se dizia confusa em relação ao seu filho de oito anos. Estava atônita com um fato acontecido na véspera. Vivíamos aqueles dias em que um jovem estava mantendo a ex-namorada sob a mira de um revólver, um episódio que durante mais de 65 horas mobilizou todo o país e que teve um trágico desfecho. O assunto estava sendo notícia obrigatória nos nossos principais veículos de comunicação. Havia uma consternação geral. Não se falava em outra coisa.

A mãe que me procurara tinha por norma jamais permitir que os filhos vissem os noticiários. Na sua casa nem uma palavra havia sido ouvida sobre o referido caso, embora ela o conhecesse. Na escola, o menino ao perceber que era o único que não sabia do assunto que mobilizava a todos, sentiu-se constrangido. Chegando a casa, foi questionar a mãe. Coitada. Querendo proteger sua família, acabou deixando o filho numa situação embaraçosa.

Ao ouvir o seu relato, lembrei-me de quantas vezes eu mesma já falei, em diferentes ocasiões, dos malefícios de nos "intoxicarmos" com as notícias ruins. Quantas vezes critiquei o hábito, presente em muitas famílias, de assistir ao noticiário da TV durante as refeições. É notório que a maioria das matérias apresentadas trata de escândalos, violência, tragédias, fatos negativos etc. Reconheço a dificuldade em traçar o limite entre conhecer o que está acontecendo e nos mantermos alienados do que se passa a nossa volta. Comprometida com a manutenção do padrão vibratório da minha família, procuro não alimentar meu espírito com este tipo de informação. Uma regra que funciona para mim é: saber o suficiente para ter uma ideia do que está acontecendo e ter uma posição a respeito, sem nenhum tipo de fixação mórbida. A informação é fundamental para o exercício consciente da nossa cidadania. Entretanto, é necessário, como aconselham o apóstolo Paulo e o Mentor Emmanuel, saber de forma correta, saber como convém. (*Vinha de luz*).

Percebi que aquela mãe teve dificuldade em manter uma posição equilibrada em relação a essa questão.

Considero extremamente positivo para o crescimento

da consciência cidadã da criança que os pais possam conversar com ela, sobretudo a partir dos nove ou dez anos, a respeito de certos assuntos do noticiário, abordando-os de maneira crítica e objetiva. Assim, por exemplo, pensando na formação do seu senso de justiça social, poderíamos explicar-lhe, da forma mais clara possível, certas questões que atentam contra a justiça, a igualdade e o respeito pelo próximo, como a corrupção. Aproveitaríamos uma notícia do jornal para lhe mostrar como a corrupção acarreta um desvio de recursos que acaba prejudicando a tanta gente, sobretudo às parcelas mais sofridas da população. Pegaríamos exemplos concretos: "um tomógrafo, que custa um milhão de reais, ajuda a fazer diagnósticos capazes de salvar a vida de milhares de pessoas. Quando há um desvio de verba no valor de 10 milhões de reais, dez tomógrafos deixariam de ser comprados". Falaríamos sobre a origem do dinheiro público levando-a a compreender a lógica que há entre arrecadação e benefícios para a população. Simularíamos cálculos que estivessem ao seu alcance, como por exemplo: quantos salários de médicos, de professores, quantas ambulâncias, remédios etc. poderiam ser comprados com as quantias desviadas pela corrupção. Faríamos tudo o que estivesse ao nosso alcance para fazê-la compreender a extensão dos males que decorrem dessa prática tão perniciosa quão frequente em nosso país. Mas estaríamos, sobretudo, atentos à sua formação ética e ao desenvolvimento do seu senso de justiça, com vistas ao seu crescimento espiritual. E poderíamos proceder desta mesma forma em relação a inúmeras outras situações envolvendo questões éticas e morais.

Diariamente, somos bombardeados por inúmeras notícias. Algumas delas poderiam ser levadas até as crianças mais velhas para que as analisassem, refletindo a seu respeito. Seria uma pena que os pais deixassem passar a oportunidade de ajudá-las no seu desenvolvimento moral. O mundo mudou. As gerações que chegam já estão sendo envolvidas por um turbilhão de informações, queiramos ou não. Sabemos, porém, que todos renascemos nas circunstâncias que são necessárias ao nosso desenvolvimento espiritual. Conscientes de que todo espírito que chega à Terra vem para progredir, é indispensável que façamos nossa parte como educadores. Assim, não será em vão que estaremos sinalizando para as crianças as estradas retas e os desvios perigosos que se oferecem a sua nova caminhada pelo cenário terreno.

# A complicada tarefa de se tornar adulto

Nós, espíritas, sabemos que, antes de se tornar o grande codificador da Doutrina Espírita, Allan Kardec foi educador e autor de vários livros pedagógicos com ampla aceitação na sociedade francesa do século XIX. O que, talvez, poucos saibam é que o jovem Denizard Rivail (seu nome de batismo) tinha apenas dezenove anos quando escreveu seu primeiro livro, em 1824. Com a sólida formação que recebera no Instituto Yverdon, na Suíça, mal concluíra seus estudos e já publicava o *Curso Teórico e Prático de Aritmética, segundo o método de Pestalozzi* (seu mestre), em dois volumes, livro que ganhou inúmeras reedições, a última em 1876, quase uma década após a sua morte. Aos vinte um anos tornava-se diretor de uma escola de primeiro grau e, aos vinte e dois, fundava sua própria escola, baseada no método pestalozziano.

Tanto do ponto de vista

da satisfação pessoal, quanto da financeira, podemos dizer que esses fatos possivelmente se constituíram em marcos significativos na trajetória daquele jovem. Em uma fase da vida em que tantos, hoje, ainda se encontram na casa dos pais, Rivail entrava na fase adulta com passos firmes, conquistando a segurança de que necessitava para realizar seus sonhos pessoais e profissionais.

Comparando a trajetória desse jovem educador com o que está ocorrendo com a juventude atual fica patente o contraste. Embora o desejo de liberdade esteja presente na maioria dos jovens, a permanência na casa paterna é uma realidade para muitos deles. Assumir-se como adulto, tomando as rédeas da própria vida é algo que, por diferentes razões, está ocorrendo cada vez mais tarde, em franca oposição à situação experimentada pelos moços de gerações passadas. Vivia-se menos, é verdade. As chamadas "tarefas evolutivas" – todos os desafios que o jovem precisa vencer para ser aceito no mundo adulto – eram muito mais simples: ter um ofício com o qual pudesse ganhar a vida, casar e constituir família. Hoje, tais tarefas além de mais numerosas, são mais difíceis. Diplomas, conhecimentos de informática, de línguas estrangeiras, experiência prévia são, por exemplo, algumas das exigências feitas ao candidato a uma vaga no mercado de trabalho. Esse, por sua vez, se mostra cada dia mais competitivo. Para se constituir uma família nos moldes tradicionais há inúmeras situações a serem vencidas, das quais a questão da moradia ocupa lugar central. O próprio modelo de sociedade, caracterizado pelo consumo, acaba criando novas necessidades, até então desconhecidas pela maioria dos jovens das gerações mais antigas.

Diante de tais fatos, é natural que o jovem necessite de mais tempo para assumir seu papel de adulto na sociedade. Como consequência, o vemos muito angustiado com a situação que enfrenta, problema muitas vezes compartilhado por seus pais ou responsáveis, que apreciariam vê-lo criando asas e voando.

Ao longo da história, esses sempre se atribuíram o papel de orientadores dos filhos. É inegável que, ainda hoje, do ponto de vista moral, é isso o que deles se espera. No entanto, as intensas e vertiginosas mudanças do mundo moderno, que se evidenciam nos mais variados campos, exigem um novo olhar para a questão aqui tratada. Tudo é muito diferente. Tudo é muito desafiador. Não há receitas prontas para superar a falta imediata de perspectivas – motivo comum de tormento para pais e filhos.

Mas é justamente nos momentos de crise, quando advêm a incerteza e o desânimo, que o socorro da Doutrina Espírita se faz providencial.

Sabemos que cada um está vivendo as situações de que necessita. Em termos de justiça divina, tudo indica que o jovem que nasceu sob as circunstâncias atuais está no lugar certo e na hora certa. Se todos renascemos para progredir, para esses jovens, o caminho da evolução passa, certamente, pelo enfrentamento dessas dificuldades. Longe de ser um apelo à acomodação paralisante, esses desafios deveriam funcionar como estímulos propulsores do crescimento. A tarefa de superar a si mesmo fica facilitada quando se tem uma visão global da questão, isto é, quando à análise material, acrescenta-se a de cunho espiritual. Pais e educadores, especialmente aqueles que começaram desde cedo a se preocupar com a formação espiritual do jovem sob sua responsabilidade, podem ajudá-lo, encorajando-o, fazendo-o ver que não está sozinho nessa empreitada. É importante lembrá-lo de que há, em ambos os lados da vida, amigos empenhados no seu progresso, mas que é necessário agir, buscar saídas e soluções com seu próprio esforço.

"Dai-lhe o pão, mas também a luz", diz-nos Bezerra de Menezes em *Vivências do amor*. E acrescenta: "Na verdade, oferecei a informação doutrinária para demonstrar-lhe quanto vos faz bem esse conhecimento, em face das transformações morais para melhor, que vos impusestes, logrando os primeiros êxitos..."

Assim encorajado, fica mais fácil aceitar a ideia de que retornamos ao cenário terrestre pela necessidade de vencermos nossas imperfeições e aprimorarmos nossas qualidades; que cada obstáculo vencido é uma conquista para o espírito, um degrau a mais na sua escalada rumo à perfeição.

# Receita de mãe

A pergunta me pegou de surpresa. "O que é que a sua mãe fez para ser tão amada assim por todos os filhos?" Suspirei fundo e fiquei procurando a resposta. Certamente a amiga já havia percebido que ali, naquela família tão numerosa – sete filhos, treze netos e cinco bisnetos – a mãe era simplesmente adorada. E a pergunta vinha como um pedido de ajuda de alguém que julgava ter encontrado uma fórmula mágica capaz de transformá-la também em uma mãe especial. A resposta inspirou-me um livro. Foi preciso mais de uma centena de páginas para tentar desenhar os caminhos palmilhados por minha mãe na conquista do nosso devotamento. E ainda assim, cheguei ao final guardando a certeza de que tudo o que fiz não passou de um leve esboço, simplesmente porque talvez não haja receita. Cada um é o que é, fruto das suas conquistas anteriores e das suas circunstâncias atuais.

Da bagagem trazida por aquele espírito – minha mãe –, nada sabemos, embora possamos arriscar algumas suposições. A primeira delas é imaginar que era alguém merecedor de crédito. Se não, como explicar que, em 1913, já tivesse sido enviada a um lar que se encontrava na segunda geração de espíritas? A figura de Allan Kardec, bem como as suas obras, se tornaria familiar à menina que se escondia atrás da porta, com as irmãs, para assistir ao Culto do Evangelho no Lar e às manifestações mediúnicas que a ele se seguiam. "Coisa de gente grande", diziam, com um misto de medo e curiosidade. Mais tarde, foi a mocinha engajada no movimento espírita da sua cidade, que não perdia reuniões doutrinárias nem abria mão de ser tarefeira no seu centro, passando lista da campanha do quilo até para o pároco local.

Outra suposição é que, provavelmente já vinha enredada, há muitas vidas, com aqueles que se transformariam na sua própria família. Sentimento que ela mesma admitia ter.

Dificuldades? Claro que houve, mas nada tão forte que a impedisse de seguir a meta traçada: trabalhar para a sua evolução espiritual da mesma forma que trabalharia pela daqueles que lhe foram entregues. E assim foi. Se mais não andamos, foi por nossas limitações. Empenho, teve de sobra.

E o que fez essa mãe para ser tão amada? Mesmo sem saber a receita, arrisco alguns palpites.

Desejar a vinda de cada filho, consciente de que era um espírito que retornava à Terra para uma nova etapa da sua evolução, foi algo muito forte: compromisso com o Criador. Dar a cada um deles a segurança de um lar onde reinavam a alegria e a harmonia conjugal foi consequência natural do seu modo de pensar. E amor. Muito amor, expresso em forma de cuidado e de atenção muito mais do que em manifestações exteriores – algo um tanto incomum em pais nascidos no início do século passado.

E mais: encarar a infância como tempo de brincar e de aprender a ser gente. Dar linha, mas não deixar a pipa voar louca, sem rumo, correndo o risco de ser podada. Soltar, mas mantê-la sob o seu olhar. E na hora exata, trazê-la de volta. Estar sempre atenta. Cuidar.

Na casa grande, com a meninada a crescer, tentar a todo custo garantir a paz. O "não quero saber de novidades" e o "quando um não quer, dois não brigam", soavam como verdadeiros mantras, tantas vezes eram repetidos.

Saber perscrutar as mais recônditas intenções: "podem passar na loja do avô para tomar-lhe a bênção, mas nada de ganhar moedas por isso!" deixando bem claro as primeiras lições de ética.

Jamais demonstrar predileção por esse ou aquele filho, mesmo quando acusada de tal por algum mais enciumado.

Traçar regras e acordos coerentes com a moral cristã e com a idade da criança, deixando-lhe claro quais os limites e consequência para os seus atos. E o mais importante: fazer cumprir o estabelecido, mesmo debaixo da maior chiadeira (é claro que havia).

Aproveitar todas as oportunidades para trabalhar os sentimentos das crianças. A fraternidade, a compaixão, o carinho pelos idosos, a alegria de servir, a lealdade, o amor ao trabalho e aos estudos, por exemplo, começaram a brotar nos nossos corações a partir dos exemplos observados em situações vividas em família.

Ter sempre em mente que os pais são os responsáveis, perante Deus, pelo progresso dos espíritos que lhe forem confiados (*O Livro dos Espíritos*, Q. 208).

Junte-se a tudo isso um profundo sentimento de gratidão ao Pai, muita fé e umas boas doses de bom humor e tem-se uma mãe muito querida a quem não me canso de reverenciar. Hoje e sempre.

# Jovens fora do crime: a parte que nos toca

"Como é que eu vou encarar minha mãe se ela souber que eu entrei para o crime?" Com esse pensamento, muitos jovens deixaram de engrossar as estatísticas da violência. Aquilo que o bom-senso sempre indicou é agora confirmado por investigação científica: a família exerce importante papel na formação do caráter de crianças e jovens. Essa foi uma das conclusões apontadas por uma pesquisa coordenada pelo sociólogo Dario de Souza e Silva, da UERJ, desenvolvida na favela de Acari, no Rio de Janeiro. Sua questão central foi saber os motivos que levaram jovens à criminalidade. Para tal, foi feito um estudo comparativo do perfil de jovens que se encaminharam para o crime com o de outros que, a despeito de viverem a mesma realidade de pobreza e violência, não enveredaram por esse caminho. Os resultados mostraram haver pouca diferença entre os dois grupos. Uma das que chamou a atenção do pesquisador foi a presença, no segundo grupo, de figuras familiares que eram vistas como uma referência moral pelo jovem. No caso, não se tratou necessariamente de pai ou mãe. Bastou ser alguém a quem a criança ou o jovem respeitasse e tivesse vergonha de decepcionar, como uma avó, uma madrinha, um tio querido. Um "outro significativo", como se diz em psicologia.

Talvez muitas dessas figuras familiares nem saibam que têm tamanho peso na formação moral das crianças e jovens da família, mas os estudos científicos estão aí para confirmar. Eles são as referências morais que fazem a diferença na formação de um homem de bem.

Sabemos que em muitos lares não há ninguém que possa servir de referência moral, no entanto, esse papel pode ser exercido por figuras substitutas, como, por exemplo, os tios, os avós, irmãos mais velhos, padrinhos etc. Também os educadores podem assumir esse papel de figuras substitutas, especialmente os educadores espíritas. Para muitos meninos e meninas que frequentam a Casa Espírita, eles são as mais fortes referências morais. É natural que assim seja.

Importa, porém, que se assuma esse papel com a aguda consciência do que isto representa, ou seja, o de ser um modelo, inspirado no modelo maior: Jesus. O que faz a diferença é o amor que se tem para oferecer. É ele a vacina que irá defender o jovem das "doenças sociais", como sugere Joanna de Ângelis. Analisando o fenômeno da violência que hoje grassa em escala mundial, ela nos afirma que a terapêutica "há de ser preventiva, exigindo dos adultos que se repletem de amor nas inexauríveis nascentes da Doutrina de Jesus, a fim de que, moralizando-se, possam educar as gerações novas, propiciando-lhes clima salutar de sobrevivência psíquica e realização humana" (*Após a tempestade*).

Muitos educadores espíritas poderão se indagar se estão suficientemente moralizados e se reúnem as qualidades necessárias para se transformarem em figuras de referência para seus jovens. É possível que alguns recuem ante o peso da responsabilidade e desejem se afastar das tarefas. Seria bom que refletissem antes de desistir. Pensassem que, na pesquisa assinalada, foram aquelas figuras respeitadas que transformaram a vida daqueles jovens. Foram eles que fizeram a diferença. Com a superioridade moral que conseguiram conquistar, não fugiram às suas responsabilidades. Diz-nos *O Evangelho segundo o Espiritismo* (cap. XVII) que Deus inquirirá àqueles que dispõem de alguma autoridade: "Que uso fizeste desta autoridade? Que males evitaste? Que progresso facultaste?" [...] "Fiz-te forte e confiei-te os que eram fracos, para que os amparasses e ajudasses a subir ao meu seio".

Por isso, quando o que está em jogo é a própria vida, quer sejamos pais, professores, educadores espíritas ou qualquer "outro significativo" para a criança ou o jovem, vale a pena o esforço para fazermos corresponder a figura real à idealizada; vale a pena dedicarmos parte do nosso tempo para com eles conviver, fazendo-os ver que tudo o que diz respeito às suas vidas nos interessa. Estreitando cada vez mais os laços de confiança e amizade estaremos,

por certo, nos tornando pontos de referência fundamentais no rumo que eles irão tomar.
Não é tarefa fácil, bem o sabemos. Exige que sejamos, aos nossos próprios olhos e ao juízo alheio, pessoas íntegras e dignas de respeito.
Importa, porém, não abandonar o jovem ou a criança à própria sorte. Quem sabe não se trata de um antigo companheiro que deixamos no caminho? Clélia Rocha, exemplo de educadora espírita, espelho em que se miraram centenas de jovens por ela amparada, em mensagem psicografada por Raul Teixeira nos incita a assumirmos nosso papel "sem qualquer concessão ao esgotamento, sem nenhuma expressão de enfado ou de cansaço", cooperando com os programas do Cristo, "uma vez que fomos agraciados pela honra de ajudá-lo a erguer no chão do mundo as colunas do Reino dos Céus nos corações das nossas crianças e dos nossos jovens. Quantos são os pequenos e os moços que necessitam de instrução intelectual e de orientação para o espírito? Quantos desses não fizeram parte de nossa mesma estrada, nos dias recuados de antigas existências, quando os aconselhávamos, com a indiferença, com o materialismo ou mesmo com o desamor?" (*Para uma vida melhor na Terra*, cap. 18).
Conscientes, pois, das nossas limitações, queremos afirmar que fazer de cada criança, de cada jovem que nos elege como um ser significativo, um homem de bem, mais do que um desafio, deveria ser uma das nossas razões de existir.

## Quando o pai não é amado

"Ora, por que eu tenho que amar o meu pai se ele nos abandonou e nunca procurou saber como estamos?" Perguntas como essa são mais frequentes do que se supõe em famílias cujos filhos cresceram sem a figura paterna. Elas surgem, sobretudo, no momento em que alguém tenta convencer a criança a aceitar o mandamento mosaico de amar pai e mãe.

Amar os próprios pais é um preceito natural para os espíritas. Além de ser um dos mandamentos recebidos por Moisés – "amarás o teu pai e a tua mãe" –, a própria Doutrina nos oferece fortes argumentos sobre essa questão.

Para entendermos a origem do mandamento é necessário remontarmos às leis mosaicas e ao contexto no qual foram promulgadas, tendo em mente que foram dirigidas à sociedade de então.

Dentre os mandamentos do decálogo, esse é o primeiro que trata diretamente de relações sociais. Por que seria tão importante? Por que Deus o enviou a Moisés e a seu povo ao lado de outros mandamentos que contêm advertências tão mais graves, como não matarás e não furtarás? Em Israel, à época de Moisés, vivia-se em clãs. A família abrigava sob o mesmo teto várias gerações. Juntos, pais, filhos, tios, irmãos, primos, netos dividiam entre si a terra dos antepassados. Os indivíduos dependiam exclusivamente da família, não sendo mesmo concebível viver-se apartado dela. Os desafios para a sobrevivência eram de tal ordem, que somente os clãs unidos internamente conseguiam sobreviver. Os mais aptos e saudáveis trabalhavam para prover o sustento dos que não tinham condições para tal. Rebelar-se contra essa ordem significava prejuízo para todos. Por isso, a necessidade do mandamento. Seu alvo era, principalmente, o filho rebelde e indócil.

Embora estejamos usando a expressão "amar pai e mãe", o texto hebraico refere-se ao verbo honrar (Kabbad) que, nas escrituras, tem o significado de sagrado. Aplica-se a Deus, a pessoas ou objetos sacralizados (os anjos do Senhor, Jerusalém, o templo, o sábado).

O valor atribuído aos pais era tão elevado que os colocavam no domínio do sagrado, em estreita ligação com o divino. Eles eram vistos como instrumentos do Deus criador na geração da vida. Constituíam a principal garantia da edificação e da sobrevivência da comunidade formada pelo clã. No Antigo Testamento o pai aparece revestido de uma autoridade especial, à imagem mesma de Deus.

Por essa razão, o seu poder é visto como semelhante ao

de Deus. É em nome de d'Ele que ele comanda e, por isso, deve ser obedecido.

É interessante notar que, apesar de ser o pai o primeiro responsável pela educação moral e religiosa dos filhos, o mandamento alça a mãe à mesma altura do pai, o que se caracteriza como um elemento original naquela cultura. Dessa forma, o preceito mosaico condena, igualmente, o filho que maltrate a própria mãe.

Em suma, entre os hebreus à época de Moisés, os pais usufruíam de uma posição privilegiada e constituíam a autoridade fundamental à qual os filhos deveriam reconhecer, mesmo quando adultos. Desprezar os pais era como desprezar o próprio Deus. O filho que incorresse em tal transgressão mereceria ser castigado. O contrário, no entanto, era tão valorizado, que aquele que honrasse pai e mãe teria a promessa de uma vida longa e feliz.

Sob o prisma da Doutrina Espírita, além do argumento de que os pais são a fonte da vida, há a compreensão de que é através deles que temos a oportunidade de voltar ao cenário da Terra para cumprirmos mais uma etapa da nossa evolução. Bastaria essa justificativa para lhes sermos intensamente gratos.

Na sua obra *Entre a Terra e o Céu*, André Luiz relata um diálogo entre uma mãe e seu filho, um jovem que não se conforma com o fato de o pai tê-los abandonado no momento em que a família mais precisava da sua assistência. Ao tentar convencê-lo de que deveria perdoá-lo, argumenta: "Por que alimentar rancor contra o homem que te deu a vida? Como condená-lo se não sabemos tudo o que lhe aconteceu? [...]Teu pai, meu filho, com a permissão do Céu, deu-te o corpo em que aprendes a servir a Deus. Por esse motivo, é credor de teu maior carinho. Há serviços que não podemos pagar senão com amor. Nossa dívida para com os pais é dessa natureza..." Quem quer que medite sobre essa questão não deveria abrigar no seu coração outro sentimento senão a gratidão. Ainda que se trate de um pai ou uma mãe que tenha abandonado seus filhos, foi através deles que se deu o processo de reencarnação.

Mas temos ainda outro argumento: a lei de causa e efeito. Assumindo o pressuposto de que Deus é soberanamente justo, qualquer injunção de vida menos feliz não pode ser atribuída à sua injustiça. Ao contrário, pode ser uma prova para nos fortalecer o espírito ou um resgate de faltas passadas. Em ambos os casos, no entanto, renascemos para evoluir e, para tal, é prioritário superemos nossas dificuldades.

Então, diante da pergunta infantil sobre o dever de amar um pai que, aos olhos do filho, não merece afeto, essa deveria ser a orientação a ser adotada pelas pessoas responsáveis pela educação da criança que os questionam sobre o dever de amar a pais "indignos", aos seus olhos.

Mas nem sempre a dificuldade apresentada é tão explícita assim. Há conflitos latentes ou velados, muito mais frequentes do que se imagina, que nos levam a refletir sobre suas possíveis consequências. Pais ausentes, indiferentes ou insensatos produzem, em geral, crianças infelizes que terão muita dificuldade em administrar os conflitos decorrentes das atitudes paternas. Na adolescência, têm grande chance de se tornarem indiferentes a esses pais, abandonando-os por sua vez.

Quer se trate de uma prova ou de uma expiação, é bom compreendermos que na teia de relações que nos unem, tanto estão presentes nossas novas aprendizagens, quanto o resgate de faltas passadas. Comecemos, pois a perdoar e a amar aqueles que nos deram a vida, lembrando que, como espíritos em busca da ascensão, trilhamos um longo caminho. Uns marcham à nossa frente. Outros atrás. Onde vão nossos pais? Não o sabemos.

# Filhos que partem: há consolação?

Somos espíritos únicos, individualidades singulares. Nossas diferentes vidas na Terra são apenas passos de uma longa caminhada rumo à perfeição. Como espíritas, sabemos de cor essa lição. O que muitas vezes ignoramos é como vivenciar essa realidade quando somos surpreendidos por perdas de entes queridos, principalmente de filhos. Nessa hora, o que se vê é muita lamentação e desequilíbrio. Mesmo entre famílias espíritas ainda há aquelas que não conseguem reagir à perda, usando os esclarecimentos trazidos pela Doutrina Espírita. Sofrem e levam sofrimento aos que estão a sua volta, tornando-se merecedores da nossa compaixão. Mas, há aquelas cujo comportamento serve de exemplo de fé e resignação. É o que queremos mostrar.

Dimitri, jovem espírita, fazia vinte oito anos e a família reunia-se para comemorar. Motivos não faltavam. Afinal, além de ser um filho amoroso e bom irmão, mostrava-se responsável e muito humano. Abraçara a medicina e já dava provas inequívocas de sensibilidade à dor alheia.

Com a família reunida, cercado pelos amigos e colegas de faculdade, no círculo que se formara, as conversas giravam em torno dos plantões e suas ocorrências. O equilíbrio reinante e a felicidade dos pais, avós, tios e primos eram o testemunho vivo de que ali estava uma família harmoniosa.

Contudo, para os conhecedores da história de vida daquele jovem, aquele momento revelava algo mais. Ele nos falava do importante papel que a Doutrina Espírita exerceu na vida daquele grupo familiar. Sim, pois somente com o poder da fé raciocinada, que essa bendita doutrina nos traz, seria possível conceber a história de superação ali vivida.

Dimitri, o primeiro filho do casal, tinha um irmão gêmeo, idêntico. Como acontece comumente nesses casos, eram ambos extremamente ligados. Ele e seu irmão, duas lindas crianças, eram fontes de alegria e encantamento para seus pais. Porém, aos sete anos de idade, o seu irmãozinho desenvolveu um câncer que o levou ao desencarne após dois anos de intensa luta. Na esperança de vê-lo curado, tudo foi feito, inclusive procedimentos médicos dolorosos para ambos os meninos. Compreendendo que a dor era necessária para salvar o irmão, Dimitri colaborou no que foi preciso. De boa vontade foi o doador numa tentativa de transplante de medula óssea. Também nas operações espirituais levadas a efeito, deitava-se ao lado do irmão, doando-lhe os fluidos necessários.

Aqueles dois anos de sofrimento tiveram, apesar de tudo, seus ganhos: o casal fortaleceu os laços de união, Dimitri desenvolveu profundos sentimentos de solidariedade e a família pôde conhecer e abraçar a Doutrina Espírita. E assim, fortalecidos na fé, os pais puderam ajudar espiritualmente ao pequeno filho que partia, envolvendo-o em um clima de paz e confiança nos desígnios de Deus.

Saber que somos seres imortais, que os laços de afeto que unem as pessoas que se amam não se perdem jamais, que nossos filhos são, antes de tudo, espíritos burilando a própria evolução foram conhecimentos que ajudaram os pais a superar a dor e a ter uma atitude positiva diante da vida.

Restaram-lhes ainda, dois filhos, e a esses foi proporcionada uma vida normal. Dentre as preocupações que tiveram, uma foi a de enviar os meninos para a Evangelização Infantil para melhor compreender o processo pelo qual passaram e outra, a de jamais permitir que o filho que ficou fosse penalizado – ainda que inconscientemente – pela perda do que partiu. Movidos por esses pensamentos, os pais decidiram que Dimitri não deveria ficar sem a sua festinha de aniversário quando completou nove anos, festa que, pela primeira vez, ele comemorou sem a presença do irmão. (Quem nos garante que ele não se fez presente em espírito?) A vida seguiu seu rumo, sem problemas.

Com este exemplo esperamos poder ajudar aqueles pais que se mortificam e se deixam abater longamente pelo sofrimento, diante da desencarnação prematura de um filho. Sem negar a dimensão da dor que tal episódio deve gerar para quem o vivencia, entendemos que a Doutrina Espírita é fonte de consolo e lenitivo para quem a busca.

É fato que desconhecemos o nível de evolução espiritual dos seres que constituem a nossa família; que ignoramos as circunstâncias que determinaram as suas reencarnações. Não sabemos, igualmente, o que vieram fazer aqui, se estavam resgatando faltas, cumprindo uma missão ou, simplesmente, acrescentando mais uma aprendizagem à sua bagagem como ser imortal. Temos ciência, no entanto, que todos renascemos para evoluir; que o Pai vela por nós e quer a nossa felicidade. Assim, entendemos que há uma razão de ser para a desencarnação prematura. A vida curta de uma criança pode ser uma provação para os pais, assim como para o espírito que quer reencarnar. Às vezes, é uma caridade que a família está prestando àquele espírito que, por deficiências perispirituais, não consegue elaborar um corpo sadio e, o ato de reencarnar, ainda que por um tempo breve, pode trazer um benefício para uma próxima reencarnação. Outras vezes, trata-se de uma oportunidade para completar uma reencarnação interrompida ou encurtada por uma circunstância qualquer. Mesmo que não saibamos o motivo, resta-nos o consolo de que pudemos oferecer amor, cuidados e carinho a um espírito que se aproximou no nosso lar. "Mães, sabei que seus filhos bem-amados estão perto de vós." (O *Evangelho segundo o Espiritismo*, Cap. V, mensagem de Sanson).

# A hora certa

Deve-se levar o filho pequeno para os encontros da Evangelização Espírita ou deve-se esperar até que ele possa, livremente, escolher a religião que quer seguir? Esta é uma questão bastante recorrente quando se trata da necessidade de se apresentar a Doutrina Espírita à criança. Os que são contra a ideia justificam sua opinião com base no livre-arbítrio. Curioso é que os mesmos pais que assim pensam não titubeiam em dar as primeiras vacinas ao bebê quando este conta apenas poucos meses de vida. São gotinhas e agulhadas dolorosas, mas necessárias. Igualmente não hesitam em matricular a criança em escolas de educação infantil, apesar das lágrimas derramadas nos primeiros dias. A certeza de que estão agindo para o seu bem os levam a adotar essas atitudes. Estão corretíssimos. Então, por que não oferecer-lhe a educação do espírito?

Conforme temos afirmado, a Doutrina Espírita nos

esclarece que todos renascemos para progredir e que na infância o espírito está mais apto para receber as orientações salutares e os bons conselhos que poderão ajudá-lo a trilhar novos caminhos em direção à sua evolução espiritual. Ignoramos quem é aquele que chega ao nosso lar na condição de filho. Não sabemos quem foi, se já vivemos juntos em existências passadas ou quais lições precisa aprender. O certo, porém, é que Deus confiou na nossa capacidade de orientá-lo no caminho do bem ao enviá-lo aos nossos braços. Então, com a convicção de que é na infância que poderemos ajudá-lo a reformar o seu caráter, ajamos com firmeza, oferecendo-lhes as melhores opções.

Por isso, afirmamos que, como adultos, conhecedores da Doutrina Espírita e conscientes do seu inestimável valor nas nossas vidas, não deveríamos nos furtar de apresentá-la aos nossos filhos. Diríamos mais: deveríamos envidar todos os esforços para envolvê-los, desde pequeninos, em algumas daquelas ações preconizadas pelo Espiritismo, como a prece diária, a realização do Culto do Evangelho no Lar, e a participação nas atividades da Evangelização Infantil na Casa Espírita assim que alcançar a idade propícia.

No início, quando a criança ainda não atingiu a idade para frequentar o chamado "jardim" (por volta dos cinco a seis anos), só o fato de estar presente naquele ambiente a faz se aproximar dos espíritos protetores da casa, que passam a velar por ela, amparando, desde cedo, a sua caminhada. Ali ela estará se socializando, treinando a convivência harmoniosa com outras crianças, aprendendo com as músicas que são entoadas, com as historinhas que são contadas... É todo um universo de possibilidades novas e sadias que estarão se descortinando ao seu espírito. Assim, desde cedo estará se beneficiando da riqueza oferecida pelo contexto físico e espiritual que envolve a ação evangelizadora no Centro Espírita. E depois, os próprios programas e ações didáticas da Evangelização se encarregarão de oferecer ao espírito que retorna, elementos para o seu fortalecimento espiritual.

A vida tem nos provado que vale a pena insistir na manutenção da criança nas atividades educacionais espíritas oferecidas pelos Centros Espíritas. Lembramo-nos sempre do caso do evangelizando contrariado.

Convencido de que levar o filho para a Casa Espírita é o melhor que se lhe pode fazer, um casal amigo decidiu que seus três filhos deveriam frequentar as aulas de evangelização do centro no qual atuavam como tarefeiros. Enquanto os dois mais novos iam sempre de bom grado, o maior ia emburrado. Quando chegou à puberdade decidiu que não iria mais. Os pais foram taxativos: "Enquanto você estiver sob a nossa responsabilidade, irá, nem que seja obrigado." O jovem reclamava dizendo: "Vocês vão ver! Quando eu fizer dezoito anos, não vou mais!" O tempo foi passando e, aos poucos, as reclamações foram desaparecendo. Um dia, quando os pais deram por si, viram que o jovem já demonstrava um claro entusiasmo em participar do grupo de jovens da evangelização. Ao se apropriar dos conteúdos doutrinários espíritas pôde perceber a clareza e a verdade dos seus postulados. Virou adepto. E quando chegou aos dezoito anos, a surpresa: decidiu que queria fazer parte do grupo de evangelizadores. Há quatro anos faz parte da equipe que evangeliza as crianças pequenas. É uma alegria, não só para os seus pais, como para todos nós, vê-lo estendendo a mão a esses novos espíritos que retornam ao cenário terreno para os novos reajustes rumo ao alto.

Este caso é um certificado de o quanto os seus pais estavam certos ao se mostrarem intransigentes na questão religiosa. Como bons espíritas, estavam convictos de que o conhecimento da nossa Doutrina era o que de melhor poderiam oferecer para os seus filhos. Sabiam, conforme está na questão 383 em *O Livro dos Espíritos*, que encarnamos com o objetivo de nos melhorar e que a infância é o momento em que nosso espírito está mais sensível às impressões externas, facilitando nosso adiantamento. Sabiam, também, que esta era uma tarefa que lhes cabia realizar. E eles cumpriram a sua parte.

# Já conheces a verdade, agora liberta-te

Com este tema, a COMEERJ – a Confraternização de Mocidades Espíritas do Estado do Rio de Janeiro – realizou em 2010 a sua trigésima primeira edição. Não é pouca coisa. Afinal, manter um evento por tantos anos consecutivos, sem interrupção, de forma crescente, é um esforço digno de aplauso.

O tema é o traço de união entre todos os polos que realizam o encontro, que ocorre durante quatro dias no período do carnaval. Em um clima de intenso congraçamento, jovens se reúnem para estudar a Doutrina Espírita.

O primeiro ponto a chamar a nossa atenção no tema – *Já conheces a verdade, agora liberta-te!* – é a mudança no tempo do verbo na conhecida afirmativa do Mestre Jesus: "Conhecereis a verdade e ela vos libertará". Por que a troca? Por que conheces ao invés de conhecereis? Talvez seja porque se pressupõe que o participante destes encontros, sendo espírita, já conhece a verdade sintetizada nos princípios doutrinários codificados por Kardec.

Mas, pensando no jovem da COMEERJ e nos anseios de liberdade que pulsam forte nessa fase da vida, fico me perguntando como é que eles entendem a questão da verdadeira libertação. A questão é complexa e comporta várias análises. Nossa abordagem se restringe ao enfoque doutrinário espírita.

É bom ressaltar que, em termos religiosos, o que é verdade para uns, talvez não o seja para outros.

Nós, espíritas, entendemos que a verdade está contida nos princípios básicos da nossa Doutrina. O que pode ser mais libertador do que o conhecimento de que somos seres imortais, rumo à perfeição, e que trazemos na nossa essência a chama do Criador, nosso Pai de Amor, de Justiça e Bondade? Que nossas experiências são aprendizados pelos quais devemos passar para evoluirmos espiritualmente? Que vivemos muitas vidas, aprendendo, em cada uma delas, com as circunstâncias? Que pelo nosso livre-arbítrio, podemos plasmar um futuro de paz e harmonia para nós mesmos? Que existe um profundo intercâmbio entre o mundo material e o espiritual, o que nos assegura que jamais nos perderemos dos nossos amores? Que a morte, como o fim, como o aniquilamento completo, não existe? Temos, na Doutrina Espírita, portanto, a chave da nossa libertação.

Por seu intermédio nos livramos do medo ancestral da morte. Com suas luzes esclarecedoras, chegamos à fé raciocinada, deixando para trás os dogmas da fé cega que nos acenava com os tormentos das penas eternas, como também a ideia de aniquilamento total do ser, ao cessar a vida no corpo físico.

É, ainda, pelos seus esclarecimentos doutrinários que vencemos nossos preconceitos, nossa visão de classe social, nossos olhares enviesados em relação ao outro que não compartilha os nossos valores culturais. A consciência de que, pela multiplicidade de existências, provavelmente já renascemos nas mais variadas culturas, já habitamos corpos em diferentes condições físicas e sociais, não nos autoriza a ter qualquer tipo de atitude e pensamento preconceituoso contra nosso irmão. Nada nos garante que, no passado ou no futuro, aquilo que desprezamos no outro não foi ou será a marca que traremos conosco.

Também é pelo conhecimento doutrinário espírita que podemos nos libertar de nós mesmos, superando as imperfeições trazidas das vidas passadas. Esse conhecimento, aliado ao Evangelho de Jesus, é a alavanca que deve nos impulsionar na luta que travamos contra o homem velho que deixamos fazer morada nos nossos corações.

Na nossa peregrinação evolutiva é natural que tenhamos sido condicionados por diversos fatores ligados às condições em que vivíamos. O movimento de libertação do espírito implica, em grande parte, em descondicionamento e pode requerer de nós, boa dose de conhecimento doutrinário, de autoconhecimento e determinação.

Ocorre, porém, que a presente encarnação também vai nos impregnando com os seus valores próprios e entender como esse processo atua sobre o espírito é mais uma tarefa que precisa ser vivenciada pelo jovem. Os intensos apelos ao consumismo exagerado e ao uso de substâncias químicas que podem levar à aquisição de vícios é um dos maiores desafios para os jovens da atualidade. Ser livre, então, implica em ser psicologicamente forte para enfrentá-los. A tarefa é difícil. Em geral, há um conflito entre o desejo de ser aceito pelo grupo de pares e negar a seguir os seus padrões comportamentais.

Por isso, entendemos que quando jovens se encontram para estudar e discutir temas polêmicos à luz dos ensinamentos de Jesus ganham autoconfiança. Descobrem que não estão sozinhos e fortalecem seus pontos de vista. Nesse sentido, a Doutrina Espírita lhes fornece um manancial de argumentos que favorece a formação de uma atitude firme diante dos desafios da sociedade contemporânea. Lembrando que a finalidade da reencarnação é o processo de autoiluminação, Joanna de Ângelis comenta que o homem, "Herdeiro de suas próprias experiências mantém atavismos negativos que o retêm nas paixões perturbadoras, aturdindo-se com frequência, na busca frenética do prazer e da posse. Como consequência, as questões espirituais permanecem-lhe em plano secundário, em conceder-se ensejo de crescimento libertador." E prossegue enfatizando a necessidade de não se postergar a criação de condições propícias ao desenvolvimento dos seus valores éticos e espirituais. "Somente através desse esforço – que é o empenho consciente para o autoencontro, o denodo para romper com as amarras selvagens da ignorância, da acomodação, da indiferença – que o logro se torna possível.", conclui a Mentora. (*Momentos de felicidade*, cap. 7).

# Sonhos e medos

Estávamos em um encontro da juventude em nossa Casa Espírita. O tema, naquele dia, girava em torno dos nossos sonhos e medos. Depois de terem falado sobre os sonhos – ser feliz, o da maioria – os jovens foram discorrendo sobre aquilo que os atemorizava. No geral, o mesmo de sempre: a morte, ser vítima de violência, sofrer dores físicas... De repente, vindo de um participante de apenas vinte anos, surge uma resposta que destoa das demais: "Eu tenho medo de não conseguir cumprir aquilo que vim fazer aqui quando reencarnei." Quanta profundidade! E então ele se explica: "Nada pode ser pior do que me desviar do caminho que eu deveria seguir para a minha evolução espiritual."

Ali estava um jovem espírita demonstrando haver assimilado muito bem os ensinamentos que lhe foram passados por seus pais e evangelizadores durante sua infância e adolescência.

Realmente, nada nos

deveria preocupar mais, durante a vida terrena, do que aproveitar a reencarnação para nos adiantarmos como seres espirituais. Só reencarnamos para progredir, bem o sabemos. Nosso maior inimigo não está lá fora, mas dentro de nós, quando aceitamos caminhar para abismos morais que impedem a nossa elevação espiritual. No entanto, muitos não recebem ou não assimilam estes ensinamentos e se apegam aos medos que advêm de situações incontroláveis, como a morte, as doenças e os perigos. Talvez o que lhes falte seja uma visão positiva da vida, um desejo de autossuperação, um sonho.

Muitos responsáveis pela educação formal já entenderam que é preciso incentivar as crianças a sonhar alto, a ter um projeto de futuro, almejando o melhor para si mesmo. É a chamada pedagogia do sonho.

Nós, pais e educadores espíritas, deveríamos estar atentos para essa pedagogia. Ou melhor, deveríamos aperfeiçoá-la, ensinando os nossos meninos a sonharem o sonho certo.

E o que é isso? – perguntarão alguns. Segundo os preceitos da Doutrina Espírita, é ajudar as crianças e os adolescentes a ansiarem por realizar tudo aquilo que os farão crescer em espiritualidade, é alimentar seus espíritos com valores que irão pesar a seu favor quando retornarem ao Mundo Maior, é compreender a razão pela qual reencarnaram.

Mas vivemos em uma sociedade capitalista com fortíssimos apelos ao consumo, seja de bens materiais ou não. Antes mesmo do nascimento do filho, muitos pais já estão envolvidos por esses chamamentos, traduzidos na forma como preparam o ambiente para a chegada do novo membro da família. Será que alguma ênfase também está sendo dada ao seu preparo espiritual?

Faz-se necessário que adquiramos a ciência do equilíbrio. Nada nos impede de anelarmos uma vida boa e confortável, mas temos a obrigação moral de lutarmos dignamente para a sua obtenção. Quando nossas conquistas são fruto do esforço pessoal e do respeito ao próximo, quando temos a nos animar o sentimento de solidariedade, quando nada há na nossa consciência que nos desaprove, então estamos diante de um possível sonho certo. Importa, porém, que ele não seja o único.

É, de fato, difícil escapar ao frequente e intenso bombardeio para o consumo quando se cresce neste tipo de sociedade. Mas também isso faz parte das nossas circunstâncias. Há nelas lições que precisam ser aprendidas e desafios a serem vencidos como parte da nossa caminhada rumo à perfeição.

Afirma Bezerra de Menezes acerca do papel dos pais e educadores espíritas: "O momento que atravessamos no mundo é difícil e sombrio, enquanto as sociedades terrestres necessitam, mais e mais, dos tocheiros do Evangelho, a fim de que não se percam nos meandros do mal ou resvalem nos penhascos do crime os corações menos experientes e as almas desavisadas. O sublime ministério da Evangelização Espírita Infantojuvenil nos pede prosseguir e avançar." (*Separata do Reformador*).

Portanto, se conversarmos com nossas crianças – no lar e nas nossas Escolas de Evangelho – sobre a lógica da nossa sociedade, sobre os seus valores efêmeros e imediatistas, contrapondo-os aos valores eternos, elas estarão mais aptas para formular os sonhos certos. Esta seria uma forma de ajudá-las a se tornarem pessoas melhores, capazes de lutar contra o medo de não cumprir aquilo para o qual renasceram.

# Fazer o bem faz bem

É conhecida de pais e educadores a má vontade que os jovens têm em ajudar nos serviços domésticos. Arrumar o quarto, fazer a cama, guardar as roupas espalhadas pelo chão são, com frequência, motivos para brigas e discussões entre pais e filhos. Seja porque são rotineiras ou se constituam em obrigação, o fato é que quase todos reclamam e postergam, ao máximo, a sua realização. Eles dificilmente conseguem perceber essas pequenas ações como atos de bondade. Não se importam em sobrecarregar de trabalho outra pessoa, quando poderiam, por um sentimento de caridade, diminuir-lhe o peso das tarefas.

As neurociências podem nos ajudar a compreender a razão de atitudes como essa. Vale lembrar, conforme já explicitamos ao tratarmos da adolescência sob um novo olhar, que do final da infância ao início da fase adulta nosso cérebro perde, em quantidade variável, um determinado tipo de proteína conhecida como "receptoras de prazer". A sensação de prazer está associada à liberação de dopamina em uma área do cérebro denominada de "sistema de recompensa" e esta necessita dos tais receptores para entrarem em ação. Com menos receptores, o jovem precisa de estímulos mais fortes ou de novidades para gerar prazer. Atividades rotineiras não têm potencial para tanto. Daí a preguiça, a má vontade.

O curioso é que recentemente, pesquisadores analisando o que se passa no cérebro de quem ajuda o próximo descobriram que fazer o bem faz bem a quem o pratica.

Dois neurologistas brasileiros, – Dr. Ricardo de Oliveira Souza e Dr. Jorge Moll Neto – realizaram um experimento bastante interessante a este respeito. Elaboraram um modelo sofisticado, submetendo dezenove estudantes universitários voluntários a um exame de ressonância magnética funcional, uma técnica que consegue "ver" o cérebro em ação. Neste caso, os voluntários teriam que realizar uma tarefa enquanto seus cérebros eram observados.

Antes do exame, cada um deles recebeu U$128,00 e a explicação que essa quantia poderia ser doada a determinadas instituições beneficentes apoiadas pelo Fundo das Nações Unidas, e que, se preferisse, poderia ficar com o saldo ou todo o dinheiro, sem fazer doação alguma. Em seguida, recebeu esclarecimentos sobre as ações desenvolvidas pelas referidas instituições.

Durante o exame, em intervalos de sete segundos, em um telão eram projetados os nomes dessas instituições (40, ao todo) e os voluntários teriam que decidir se queriam fazer doações de até cinco dólares para cada uma delas ou ficar com o dinheiro.

Os resultados mostraram uma intensa ativação do sistema de recompensa sempre que o voluntário decidia reter o dinheiro para si. Ou seja, ganhar dinheiro é um estímulo forte, capaz de produzir uma descarga de dopamina no cérebro, gerando prazer.

Um dado inesperado, no entanto, surgiu quando os exames dos que resolveram fazer doações para as instituições filantrópicas foram observados. Além do sistema de recompensa, outra área do cérebro também fora ativada, aquela onde se situam os sentimentos de empatia e que entra em ação quando nos ligamos afetivamente a alguém ou quando praticamos uma caridade. Em síntese: o ato de doar gerou prazer e esse veio acompanhado de um sentimento de solidariedade para com aquelas pessoas atendidas pelas instituições beneficentes.

Esse resultado permitiu aos pesquisadores chegarem à conclusão que fazer o bem traz sensações prazerosas àquele que o faz, acrescida de um sentimento positivo: a empatia para com o beneficiado. Há uma recompensa ao praticar o bem. O corpo confere, através de mecanismos internos automáticos, um prêmio àquele que o praticou. Ganha quem recebe e ganha quem faz o bem.

Quem está acostumado a ajudar o próximo de forma desinteressada já descobriu a alegria de servir. Mas, e os jovens? Não seria o caso de criarmos situações nas quais eles também pudessem fazer esta descoberta? O movimento espírita está repleto de sugestões: montar grupos de música ou de teatro e fazer pequenas exibições para crianças hospitalizadas, para idosos em casas de repouso; organizar campanhas de agasalho e cobertor para populações carentes; se engajar em movimentos de ajuda em momentos de catástrofes; realizar festas em prol de causas beneficentes são algumas delas. Também é possível envolver o jovem em projetos voltados para crianças com dificuldades econômicas (reforço escolar, iniciação à informática ou iniciação musical, por exemplo). Há instituições espíritas que estão levando seus jovens a colaborarem com os evangelizadores de crianças ou na preparação do ambiente para as palestras, tocando, cantando, lendo ou distribuindo páginas.

Enfim, há inúmeras possibilidades para o envolvimento do jovem no trabalho do bem que deveriam ser melhor aproveitadas. É preciso que ele descubra que ajudar ao semelhante, praticando a caridade – tal como preconiza a Doutrina Espírita, com base no Mestre Jesus – está na nossa própria natureza. É a forma, por excelência, de combater o egoísmo que ainda grassa em nossas almas e de nos ajudar a ascender a rumos mais altos.

Paulo, em uma bela exortação registrada por Kardec em *O Livro dos Espíritos*, cap. XV, diz: "Meus filhos, na máxima: *Fora da caridade não há salvação*, estão encerrados os destinos dos homens, na Terra e no céu; na Terra, porque à sombra desse estandarte eles viverão em paz; no céu, porque os que a houverem praticado acharão graças diante do Senhor. Essa divisa é o facho celeste, a luminosa coluna que guia o homem no deserto da vida, encaminhando-o para a Terra da Promissão. Ela brilha no céu, como auréola santa, na fronte dos eleitos, e, na Terra, se acha gravada no coração daqueles a quem Jesus dirá: Passai à direita, benditos de meu Pai. Reconhecê-los-eis pelo perfume de caridade que espalham em torno de si."

Quer nos baseemos nas palavras de Cristo e dos seus seguidores maiores, quer na Ciência do homem moderno, somos induzidos a admitir que a alegria decorrente do ato de fazer o bem ao próximo faz parte do ser humano. A rigor, como já temos uma recompensa interna, não seria necessário esperarmos por qualquer recompensa externa para tal prática. Deveríamos nos contentar com a alegria dela decorrente, a verdadeira alegria cristã de que nos fala André Luiz: "Atenda ao bem pela alegria de servir, sem cobrar tributos de gratidão" (*Respostas da vida*, cap. 7). E esta alegria nós deveríamos nos empenhar em fazer com que os jovens também experimentassem.

# Ajudar a crescer

Se você tem mais de trinta anos, provavelmente via o seu pai como uma autoridade legítima, a quem lhe cumpria obedecer. Nas últimas três décadas, a organização social vem sofrendo grande transformação. A hierarquização do poder vem cedendo lugar a um modelo completamente novo e diferente: o de rede. E na rede não existe mais o reconhecimento espontâneo da autoridade dos pais. Muito dos problemas que a família enfrenta na atualidade nasce desse novo arranjo social, no qual os pais têm dificuldade de se apresentar como autoridade diante dos filhos. Um exemplo é a facilidade que os filhos encontram de inverter os papéis em situações de conflitos. Eles dizem o que querem fazer e os pais acatam, com medo de frustrá-los. Via de regra, os hábitos, os ritmos da casa, os programas sociais acabam sendo ditados pelos filhos. Na rede, o poder fica diluído. Todos se imaginam – erroneamente – em pé de igualdade.

A dinâmica da vida exige adaptação aos novos tempos. Ao que parece, a dificuldade dos pais é uma questão de adaptação. Para muitos, o maior problema é encontrar o meio termo. É inegável a necessidade do diálogo, da negociação, mas negociar não significa ceder. Quem tem – ou deveria ter – o poder de decisão é o mais experiente, o mais sensato. Este é um papel que não se pode tirar dos pais. No entanto, são incontáveis os que abdicam dessa prerrogativa, por não se encontrarem confortáveis no papel de comando.

A vida, porém, nos mostra que nem sempre é possível satisfazer os desejos das crianças. O estágio atual da Terra ainda não nos garante um desfrutar permanente de felicidade. Mortes, doenças, perdas afetivas, insucessos, traições, desastres naturais etc. fazem parte da nossa condição humana. Por isso e pelo bem das crianças, todas as vezes que o bom-senso determinar que é hora de contrariá-las, não há problema algum em fazê-lo.

No final de 2009, um dos mais destacados estudiosos deste assunto – o psicanalista e escritor belga Jean-Pierre Lebrun – esteve no Brasil para uma série de conferências. Particularmente interessante é sua visão sobre o despreparo das nossas novas gerações para lidar com o problema da condição humana. Segundo afirma, "tornar-se humano, é algo que não ocorre espontaneamente. É uma reação a uma perda do estado permanente de satisfação completa com a qual somos confrontados na primeira infância. Ou seja, o processo de humanização começa pelo entendimento de que jamais haverá a satisfação completa. É esse o curso saudável das coisas.

Se os pais boicotam esse processo, podem estar cometendo um erro."

Acontece, porém, que os próprios pais, por vezes, também falham, são inseguros. Vale lembrar que Kardec registrou, na *Revista Espírita* de 1864, que muitas vezes eles pecam "mais por ignorância do que por má vontade. Em muitos há, incontestavelmente, uma censurável despreocupação, mas em outros a intenção é boa, é o remédio que nada vale, ou que é mal aplicado", referindo-se às formas como esses conduziam a educação dos filhos, mimando-os e deixando-os à mercê dos próprios caprichos.

Baseado em sua longa experiência como psicanalista, Lebrun afirma que os pais deveriam permitir que os filhos experimentassem o fracasso, a dificuldade, a impotência diante de certos fatos, já que, em algum momento da vida eles irão falhar. "Aprender a lidar com o fracasso evita que ele se torne algo destrutivo." Mas a sociedade cobra exatamente o contrário. Para ela o importante é ter sucesso, é ser destaque, é ostentar o que se é, ou o que se tem. Pais que se projetam nos filhos são os primeiros a não permitir que esses falhem, sob pena de verem suas imagens diminuídas. Profundo equívoco! Os filhos não podem carregar as expectativas dos pais. Cada um deles renasce com suas tarefas evolutivas a cumprir. Aos pais cabe o papel de fortalecê-los na infância com valores éticos e espirituais, confortá-los e ampará-los nas dificuldades, orientá-los no caminho do bem e corrigi-los nas suas faltas.

Permitir que a criança seja confrontada com a perda da satisfação completa é determinante para a formação da sua personalidade. Assim, deveríamos ajudá-la a compreender que há limites para o seu desejo; que há consequências, por vezes funestas, para determinados atos; que a vida é um bem que não tem preço e que, por isso, deve ser valorizada. A criança assim orientada possivelmente rumará, com passos seguros, para a adolescência e quando se vir às voltas com os problemas próprios da nossa condição humana, encontrará em si mesma as forças para enfrentá-los, sem recorrer a formas autodestrutivas.

Por isso reafirmamos que, independente de qualquer circunstância, os pais deveriam se preocupar em desenvolver a capacidade de fazer os filhos crescerem.

# Educar para a fraternidade

A tarefa de educar é mesmo extraordinária. Se feita com amor, as recompensas começam a vir desde o momento em que a realizamos, e continuam ainda por muito tempo. Penso nos primeiros anos em que atuei na educação espírita de crianças e jovens e vejo que foi um tempo de cores e alegrias. As limitações materiais eram estímulo à criatividade do grupo. Bem no início, a casa que nos abrigava não passava de um barracão de madeira. Depois, virou uma casinha simples, que em pouco tempo se mostrou pequena para o número crescente de crianças que nos procuravam. Aos nossos olhos, porém, era sempre uma mansão de luz, pelos ensejos de servir a Jesus que ela nos proporcionava.

Trabalhávamos aos sábados, com início às nove da manhã. Muito antes da hora marcada, já havia uma garotada no portão – sinal de que gostava de ali estar. Os meninos surgiam de todo lado. Os que moravam mais distante eram trazidos por um adulto que se encarregava de arrebanhá-los pelas vizinhanças. Os da comunidade próxima vinham sozinhos ou com os irmãos, e os filhos dos tarefeiros vinham com os próprios pais. Chegavam e iam direto para as brincadeiras: bola de gude, casinha, queimada, bambolê, futebol de mesa, carrinho... Pouco antes da harmonização no salão, guardavam os brinquedos e se aquietavam. Assim começava a tarefa que só iria terminar depois do meio-dia.

Nossa equipe era ótima: amorosa, capacitada, e bem entrosada. Uma bênção! Por conta da falta de espaço, acabamos inventando uma forma de realizar as atividades com os grupos se revezando entre si. Enquanto um ia para a sala de narração, coberta com colchonetes e almofadas, onde se contavam histórias ligadas à moral cristã e à Doutrina Espírita, outro ia para a sala de atividades criativas, onde as narrativas encontravam várias formas de expressão – desenho, dramatização, maquetes. Um terceiro grupo ficava do lado de fora, sob uma mangueira, onde as mesmas narrativas ganhavam novas formas de expressão, quer através da música, do teatro ou do jogral. Só os pequeninos tinham uma sala própria. O ambiente transbordava vida.

Findas essas atividades, começávamos outra, que era o xodó da maioria: a Oficina de Leitura. Funcionava na sala da narração, nos moldes de uma biblioteca. Os livros espíritas infantojuvenis eram expostos para empréstimo, em prateleiras, ao alcance das crianças. Elas podiam levar, semanalmente, um para casa. Na semana seguinte, nesta mesma sala, cada uma delas teria a oportunidade de contar a história para um adulto que ali estaria para ouvi-la (havia um grupo de voluntários para essa tarefa). Como estímulo, a criança tinha o direito de escolher um brinde. A descoberta da magia da leitura era visível a todos, para nossa gratificação.

O grupo se constituía de educandos de diferentes níveis sociais, mas mantínhamos a preocupação de minimizar essas diferenças, ressaltando os pontos de aproximação. Por isso, cada vez que os percebíamos integrados, agradecíamos a Deus ao ver que a mensagem do Evangelho estava começando a ecoar naqueles espíritos que nos eram entregues. E tais ocasiões se multiplicavam dia a dia.

Lembro-me de um passeio que fizemos ao Horto Florestal de Niterói. Havia no local um parquinho com os brinquedos tradicionais. Tínhamos mais de oitenta crianças e os brinquedos não as comportavam ao mesmo tempo. Estávamos ainda nos organizando para fazer uma escala quando elas nos surpreenderam: brincavam um pouquinho e chamavam um companheiro para tomar o seu lugar, esperando até vagar outro brinquedo. Atitude mais cristã, impossível. Vibrávamos!

Outro momento de intensa integração eram as festas de Natal. Os preparativos começavam semanas antes e redundavam em atividades pedagógicas. Independente da turma, mas baseados somente no interesse de cada um, formávamos grupos para a realização de tarefas específicas. Um deles se encarregava da confecção de cartões de Natal que seriam oferecidos aos colaboradores externos da Casa Espírita e aos familiares. Outro, da decoração natalina, feita de sucata, enquanto um terceiro grupo criava, em papel crepon, os figurinos e enfeites que seriam usados durante as apresentações no dia da festa. Trabalho coletivo a exigir troca, respeito ao próximo, responsabilidade e doação.

A festa natalina era o ponto culminante do ano de trabalho. Nosso maior prazer era perceber o quanto nossos meninos haviam crescido em autoestima, solidariedade e companheirismo. Ainda que longe do modelo ideal, já conseguíamos vislumbrar, em alguns deles, lances de verdadeira fraternidade. Consoante o que aprendêramos em *O Livro dos Espíritos*, (Q. 917), era nosso desejo que os ensinamentos que lhes ofertávamos não se limitassem à área cognitiva. Ao contrário, queríamos vê-los colocar em prática as lições do Evangelho. Sabíamos da necessidade da prática do bem, uma vez que é pelo exemplo e pelo contato que o ser humano consegue se moralizar. "Certamente esta máxima [amar ao próximo] encerra todos os deveres dos homens uns para com os outros. Mas é preciso mostrar a eles a sua aplicação, pois, do contrário, deixarão de praticá-la, como o fazem até hoje." (Q. 647). Ou seja, tínhamos consciência de que não bastava saber. Importava praticar.

E quando mais um Natal se aproxima, penso naquelas crianças e jovens que hoje, naturalmente, se tornaram pais. Guardo, no fundo do peito, a esperança de que a semente por nós plantada tenha florescido e frutificado, transformando-os em homens e mulheres de bem, íntegros e fraternos, e que estejam, eles próprios, empenhados em fazer da Terra um mundo melhor.

# Conto de Natal

Naquele Natal Teresa desejava fazer uma bonita festa, uma festa diferente e para isso iria reunir a família e pedir que cada um colaborasse dando-lhe uma bonequinha de plástico ou um carrinho de brinquedo. Pensava nos seus meninos, alunos da escola modesta onde trabalhava, devido a uma cena que não lhe saía da cabeça.

— "Tia, me empresta a tesourinha". É a menina que chega carregando uma lata vazia de sardinha e um pedaço de papel. A princípio, não entende bem do que se trata. Fixa o olhar. Pensa ter compreendido. "Ah! Você fez um desenho e agora quer recortá-lo?" — "É, professora. É minha boneca." Teresa empresta a tesoura e prossegue a aula. Quando volta a olhar a menina, ela embala sua bonequinha, que, em um desenho tosco, dorme dentro da lata de sardinha cuidadosamente forrada de papel. Com o coração partido, disfarça a emoção nascida da constatação de que a miséria não tirara da criança o poder de sonhar.

Ali nascera a ideia de comemorar o Natal de um jeito diferente. Na casa paterna, onde diferentes gerações se reuniam, na pilha de brinquedos que se avolumava sob a árvore natalina não mais teriam os presentes que ela daria às crianças da família. Agora, no Natal, mobilizava todos para que doassem brinquedos para seus alunos. A generosidade da família e dos amigos foi a estrela brilhante cuja luz perdurou por muitos natais.

Cinco anos depois, a campanha ganhara fôlego.

Como nos anos anteriores, na manhã do dia 25 de dezembro, Teresa acordara cedo. Guardava na alma as alegrias da noite festejada junto à família. O trabalho se intensificara. As doações haviam crescido, ano a ano. Enquanto arrumava os brinquedos no carro, traçava, mentalmente, o trajeto que deveria fazer. A visita às famílias mais pobres da escola seria, agora, apenas o ponto de partida para novas paragens. Pretendia seguir o comando da intuição na sua busca pelas crianças de mãos vazias, ainda que tivesse que varar estradas esburacadas e andar por lugares afastados. Confiava, sobretudo, na sabedoria da sua companheira de jornada: Mirthes, a seu ver, um sinônimo de devoção ao próximo.

Teresa não sabe precisar desde quando a conhece. Sabe apenas que os laços de amizade começaram com a sua avó e que, a despeito da grande diferença de idade, Mirthes a conquistara por seu ardente compromisso com a causa do bem.

Feita a prece, saem ambas felizes, na manhã abafada de

verão. Nesse ano têm um problema para resolver: o que fazer com aquela única boneca "Minha amiguinha", cujo tamanho e beleza destoavam de todas as demais?

— Vamos por ali – disse Mirthes à amiga.

Confiante, Teresa não questionou a ausência de estrada. Sem titubear, atravessou o extenso pasto indo na direção de um casebre de sapê, à beira de riacho. De longe, haviam avistado umas crianças que, surpresas, acompanhavam-lhes os movimentos.

Em um misto de vergonha e curiosidade, aproximaram-se do carro. Seus olhos compridos já podiam adivinhar do que se tratava. Rapidamente, juntaram-se à volta do carro: cinco meninos e uma menina.

— Estão todos aqui? – pergunta Teresa, tentando se certificar de que havia uma só menina. Diante da resposta afirmativa, troca um olhar de pura alegria com Mirthes que, afagando a cabecinha do menor pergunta:

— E, então? Papai Noel passou por aqui?

Encabuladíssimos, nada respondem, mas seus olhos espelham tristeza e conformação. Não é difícil imaginar a resposta. Teresa não se faz de rogada, explicando que estava encarregada por Papai Noel para trazer-lhes uns presentes, vai entregando uma bola a um, um carrinho a outro, até, que por fim, passa às mãos da menina a bela boneca. Sorrindo, ela a abraça, e corre para mostrá-la a seu pai que vem saindo de dentro de um bote. Não foi preciso nenhuma palavra, nenhuma explicação. Ele entendera tudo. Chorando, ajoelha-se diante das duas amigas e, em um gesto que foi contido por elas, tenta beijar-lhes as mãos.

— Foi Deus quem mandou vocês aqui. Eu e meus meninos estamos vivendo num tormento. Minha mulher enlouqueceu e está internada num hospital para doentes da cabeça. Eu estou sozinho com esses meninos e não tive um tostão para comprar nada. Agora mesmo, estava tentando ver se pescava alguma coisa para comer. Este ano eles não souberam o que é Natal.

O homem simples, emocionado, não encontrava palavras para agradecer.

Muito comovidos, ali mesmo, naquele descampado, todos se juntaram a Mirthes, que entoou uma prece de agradecimento ao Mestre Jesus, cujo nascimento estavam comemorando.

O tempo passou. Ao pé do leito de hospital, onde Mirthes vivia seus últimos momentos na Terra, os parentes registravam a sua agitação e seu desnorteamento. Teresa, abatida, chega para as despedidas. Sabendo-a vítima da cegueira, diz baixinho ao seu ouvido:

— Oi, amiga, sou eu, Teresa.

Como se um lampejo de lucidez percorresse o seu cérebro, a doente sorri e lhe pergunta:

— Você se lembra daquele Natal da boneca?

A amiga confirma que sim, entre lágrimas. E foi como se toda a cena voltasse, trazendo a certeza de que aquela havia sido a melhor forma de se comemorar o nascimento do Mestre Jesus. E com a doçura dessa lembrança, adormece, iniciando ali a sua partida rumo ao Mais Alto.

# Referências bibliográficas

BADINTER, Elisabeth. *Um amor conquistado*. Rio de Janeiro, Nova Fronteira, 1985.

BÍBLIA SAGRADA. Ed. Ecumênica. Trad. Pe. Antônio Pereira de Figueiredo. Rio de Janeiro, Encyclopedia Britannica, 1980.

DENIS, Léon. *O espiritismo na arte*. Niterói, *Lachâtre*, 1994.

FRANCO, Divaldo Pereira. Amélia Rodrigues (espírito). *Primícias do reino*. Salvador, Leal, 1994.

FRANCO, Divaldo Pereira. Joanna de Ângelis (espírito). *Após a tempestade*. Salvador, Leal, 1992.

_____. *Momentos de felicidade*. Salvador, Leal, 1990.

_____. *Vida: desafios e soluções*. Salvador, Leal, 1998.

KARDEC, Allan. *A gênese*. Trad. Albertina Escudeiro. Rio de Janeiro, CELD, 2007

_____. *O evangelho segundo o espiritismo*. Trad. Guillon Ribeiro. Rio de Janeiro, FEB, 1988.

_____. *O livro dos espíritos*. Trad. Evandro Noleto Bezerra. Rio de Janeiro, FEB, 2007.

_____. 'Primeiras lições de moral da infância'. Revista Espírita. Trad. Evandro Noleto Bezerra. Rio de Janeiro, FEB, ano VII, nº 1, 2009.

_____. *Viagem espírita em 1862 e outras viagens de Kar-*

*dec.* Trad. Evandro Noleto Bezerra. Rio de Janeiro, FEB, 2005.

MARTINS FILHO, José. *A criança terceirizada*. Os descaminhos das relações familiares no mundo contemporâneo. Campinas, Papirus, 2008.

MENEZES, Adolfo Bezerra de (espírito). 'A evangelização espírita da infância e da juventude na opinião dos espíritos'. *Separata do Reformador*. Rio de Janeiro, FEB, 1986.

_____. 'Vivência do amor'. *Reformador*. Rio de Janeiro, FEB, ano 124, dez. 2006.

PECHANSKY, Flavio *et alii*. 'Uso de álcool entre adolescentes: conceitos, características epidemiológicas e fatores etiopatogênicos'. *Revista Brasileira de Psiquiatria*. São Paulo, vol. 26, supl. 1, mai. 2004.

PESTALOZZI, J. Heinrich. 'Carta de Stans'. In: INCONTRI, Dora. *Pestalozzi, educação e ética*. Rio de Janeiro, Scipione, 1996.

RITCHIE, George. *Voltar do amanhã*. Rio de Janeiro, Nórdica, 1980.

RIVAIL, H. L. D. *Textos pedagógicos*. Bragança Paulista, Comenius, 1999.

TEIXEIRA, Raul. Clélia Rocha (espírito). 'Podemos confiar'. *Para uma vida melhor na Terra*. Niterói, Fráter, 2006.

TEIXEIRA, Raul. Thereza de Brito (espírito). *Vereda familiar*. Niterói, Fráter, 1991.

TRIGUEIRO, André. *Espiritismo e ecologia*. Rio de Janeiro, FEB, 2010.

TUCKER, Jim. *Vida antes da vida*. São Paulo, Pensamento, 2008.

XAVIER, Francisco Cândido. André Luiz (espírito). *Entre a terra e o céu*. de Janeiro, FEB, 1993.
_____. *Libertação*. Rio de Janeiro, FEB, 2006.
_____. *Obreiros da vida eterna*. Rio de Janeiro, FEB, 2006.
_____. *Respostas da vida*. Rio de Janeiro, FEB, 1976.
XAVIER, Francisco Cândido. Emmanuel (espírito). *Correio fraterno*. Cap. 45. Rio de Janeiro, FEB, 1970.
_____. *Fonte viva*. Rio de Janeiro, FEB, 2005.
_____. *Palavras de vida eterna*. Rio de Janeiro, FEB, 1995.
_____. *Pensamento e vida*. Rio de Janeiro, FEB, 2009.
_____. *Vinha de luz*. Rio de Janeiro, FEB, 1994.
XAVIER, Francisco Cândido. Espíritos diversos. *Luz no lar*. Cap. 41. Rio de Janeiro, FEB, 1997.
XAVIER, Francisco Cândido & VIEIRA, Waldo. André Luiz (espírito). *Evolução em dois mundos*. Rio de Janeiro, FEB, 1989.

## Bibliografia complementar

CARVALHO, Beatriz Pereira. *Um novo olhar sobre o evangelho*. Capivari, EME, 2009.
HERCULANO-HOUZEL, Suzana. *O cérebro em transformação*. Rio de Janeiro, Objetiva, 2007.
_____. *Por que o bocejo é contagioso?* Rio de Janeiro, Zahar, 2009.

INCONTRI, Dora. *A educação segundo o espiritismo*. São Paulo, FEESP, 1997.

MOODY JR., Raymond. *Vida depois da vida*. São Paulo, Nórdica, 1975.

MOYSÉS, Lucia. *A autoestima se constrói passo a passo*. Campinas, Papirus, 2009.

_____. *Como aprendemos? – teoria e prática na educação espírita*. Capivari, EME, 2008.

PEREIRA, Sandra Maria Borba. *Reflexões pedagógicas à luz do evangelho*. Curitiba, FEP, 2009.

PIAGET, Jean. *O juízo moral na criança*. São Paulo, Summus, 1994.

VYGOTSKY, Lev. *Pensamento e linguagem*. Rio de Janeiro, Martins Fontes, 1984.

# Documentos eletrônicos

Sobre Janusz Korczac. Disponível em <http://es.wikipedia.org/wiki/ Janusz_Korczak>. Acessado em 01/09/08.
Sobre consumo consciente de água. Disponível em:
<http://www.selecoes.com.br/o_custo_da_%C3%A1gua_em_garrafa_para_o_ambiente_612> acessado em julho de 2010
Sobre consumo de álcool. Disponível em:
<www.teses.usp.br/teses/disponiveis/22/22133/.../SinaradeLimaSouza.pdf> acessado em 8 de janeiro de 2011.
Sobre pesquisa feita por Dario de Souza na UERJ. Disponível em:
<www2.uol.com.br/aprendiz/n.../id141101.htm > Acessado em 11 de janeiro de 2011.
Sobre Jean-Pierre Lebrun. Disponível em:
<veja.abril.com.br/.../ensinem-filhos-falhar-p-021.shtml> Acessado em 1 de janeiro de 2011.
Sobre fazer o bem faz bem. Disponível em:
<http://revistapesquisa.fapesp.br/?art=1906&bd=1&pg=1&lg=es>
Acessado em 11 de janeiro de 2011.

# Conheça da mesma autora

**Como aprendemos?
Teoria e prática na educação espírita**

Lucia Moysés
• 14x21 cm • 160 pág.
• Estudos e cursos

O que é preciso saber para se ensinar bem? O que acontece na mente de quem aprende? Essas e outras questões são apresentadas neste livro de forma clara e coloquial, permitindo que se ponham em prática as inúmeras sugestões apresentadas. Livro ideal para educadores espíritas de crianças, jovens e adultos.

# Conheça também

**Alerta aos pais**
Francislene Magda da Silva
Márcia Adriana Clarassoti Simionato
• 14x21 cm • 160 pág. • Autoajuda

Em *Alerta aos pais,* as autoras arrolam problemas (e possíveis soluções) da difícil tarefa de educar com amor, com equilíbrio e com respeito. Que este livro possa ser, para todos nós, pais e educadores, uma ajuda a mais na sublime e complexa missão que temos de educar-nos para podermos educar melhor nossas crianças.

**Asas para o Infinito**
Maria Eny R. Paiva
• 14x21 cm • 168 pág.
• Doutrinário

O livro pretende oferecer sugestões práticas para que sua vida tenha equilíbrio. Ensina que, com esforço consciente, você pode encontrar a segurança na educação de crianças e jovens, motivo pelo qual se recomenda a obra para pais, educadores e evangelizadores.

# Conheça também

**A Nova Geração - Reflexões sobre a regeneração da humanidade**
Marco Antônio Vieira
• 14x21 cm • 160 pág. • Doutrinário

Os novos tempos chegaram! E a nova geração já está se formando no planeta. Quais devem ser as nossas atitudes para continuar fazendo parte da Humanidade regenerada? O que os espíritos disseram a respeito da nova geração? O que esperar da nova Terra e do novo 'céu'? O autor faz uma análise bastante atual e apresenta conclusões que interessam a todos os que querem cada vez mais o bem nas suas vidas.

**O contador de histórias espíritas**
Wilma Stein
• 14x21 cm • 208 pág.

Vovô Sabino se aproveita das situações do cotidiano para extrair preciosos ensinamentos, discutindo com seus "discípulos" temas polêmicos e sempre atuais, como drogas, aborto, homossexualidade, preconceito, intransigência religiosa e reencarnação, sempre fundamentado na doutrina espírita e com uma linguagem adequada para os jovens.

Inteligente, alegre e perfeitamente inserido neste nosso novo momento social, Vovô Sabino conquista a amizade e o respeito de seus ouvintes, o que também acontecerá, com toda a certeza, com os leitores desse envolvente livro.

*Não encontrando os livros da EME na livraria de sua preferência, solicite o endereço de nosso distribuidor mais próximo de você através do fone/fax: (19) 3491-7000.*
*E-mail: vendas@editoraeme.com.br – Site:www.editoraeme.com.br*